带你破局

法官思维模型

赵宸——著

中国民主法制出版社

图书在版编目（CIP）数据

法官思维模型带你破局/赵宸著.—北京：中国民主法制出版社，2022.10
ISBN 978-7-5162-2965-1

Ⅰ.①法… Ⅱ.①赵… Ⅲ.①法官—审判—研究—中国 Ⅳ.①D925.04

中国版本图书馆 CIP 数据核字（2022）第 192593 号

图书出品人：刘海涛
责 任 编 辑：逯卫光　许泽荣

书名/**法官思维模型带你破局**
作者/赵　宸　著

出版·发行/中国民主法制出版社
地址/北京市丰台区右安门外玉林里 7 号　（100069）
电话/（010）63055259（总编室）　63058068　63057714（营销中心）
传真/（010）63055259
http：// www.npcpub.com
E-mail：mzfz@npcpub.com
经销/新华书店
开本/16 开　710 毫米×1000 毫米
印张/12.5　字数/163 千字
版本/2023 年 1 月第 1 版　2024 年 1 月第 2 次印刷
印刷/三河市宏图印务有限公司

书号/ISBN 978-7-5162-2965-1
定价/52.00 元
出版声明/版权所有，侵权必究。

（如有缺页或倒装，本社负责退换）

About the authors 作者简介

赵宸（曾用名：赵霜），法官思维模型创建人，某高级人民法院原法官。

任法官之前，赵宸主要从事数据安全与存储、数据加密、信息论、数据挖掘等的教学与研究工作，出版了《信息安全概述》《数据安全存储与数据恢复》。

担任法官期间，赵宸主要审理金融、公司、合同、破产领域案件400余件，对下指导案件100余次，发表论文10余篇。

主要发表的文章有：

1. 《有限公司股东的出资义务不因股权转让而免除》，《人民司法》2017年第32期，第56—59页。

2. 《谢晖诉西安庆南贸易有限公司股东出资纠纷案》，"促公正·法官梦"案例评选三等奖，2017年10月。

3. 《从法律关系被告不能对主法律关系当事人提出反诉》，载于国家法官学院案例开发研究中心编：《中国法院2018年度案例·公司纠纷》，中国法制出版社2017年5月版，第136—138页。

4. 《本诉与反诉应当具备相同的法律关系》，参阅案例，2016年12月。

5. 《有限公司股东的出资义务不因股权转让而免除》，参阅案例，2018年1月。

离职后，赵宸在理工科强大的逻辑思维指导下，将审判实践经验与多年教学研究成果相融合，创建了法官思维模型，通过解析法官思维提升律师诉讼技能。以"点、线、面、体"的思维视角解析法官的裁判思维，以降维路径分析律师如何自上而下地审视诉讼全局，通过预测裁判结果，设计有效诉讼路径，进而雕琢诉讼起点，最终实现诉讼目的。

为了让律师在庭前有的放矢，在庭中高效输出，在庭后有效沟通，赵宸将法官思维模型运用于律师培训。融入了客户场景、诉讼场景、调解场景、沟通场景、证据场景、庭审场景等，打通了角色、生态、视角和边界，实现思维降速又提速的跃迁之旅，提升诉讼效率的同时，增加了可控体验。

《解析法官思维模型，拆解律师诉讼路径》《法官思维带你破局》等课程分别在北京德恒（西咸新区）律师事务所、上海市律师协会、上海兰迪律师事务所、上海兰迪（西安）律师事务所、上海申浩律师事务所、上海申同律师事务所、上海中联律师事务所、上海瀛泰律师事务所、上海申浩（西安）律师事务所、上海申浩（天津）律师事务所、上海汉盛律师事务所，华东理工大学法学院、上海外国语大学法学院、中国人民大学律师学院、上海大学法学院等进行培训，并在威科先行、iCourt法秀、律媒智库等多个公众号发表系列文章，在"无讼""智合"等平台进行在线直播和课程录播，获得了律师同行的一致好评！特别是帮助律师找到了解决诉讼难点的方法，同时也为法学院学生在法学应用方面的培训做出了较为突出的贡献。

FOREWORD —— 引言

2021年10月1日,《最高人民法院关于调整中级人民法院管辖第一审民事案件标准的通知》实施,导致案件下沉,基层人民法院案件量成指数级增长,2021年12月24日修正的《中华人民共和国民事诉讼法》也为此作出了专项修改。如此来看,为了应对司法环境的大变迁,法官只能加快办案速度,缩短办案流程,从"严把质量关"这个层面看,中级人民法院担子重了,从"严守结案率"看,基层人民法院责无旁贷。

我想,如果说成为优秀的法律服务提供者是律师的职责范围,那么法官的使命则是成为一名公正裁判的输出者、社会良善的捍卫者,也可能正是基于出发点的不同,才使得两者之间存在着"鸿沟"。

在介绍本书的具体内容之前,我想聊一个"先有鸡还是先有蛋"的问题。作为法官思维模型的创建人,我问自己,以往究竟是用法官思维裁判,还是在诸多裁判过后,才总结出了法官思维模型?是先有思维,还是先有模型?

美国大法官霍姆斯有一句众所周知的名言:"法律的生命不在于逻辑,而在于经验。"深以为然。如果没有从体制内跳脱出来,不会诞生"法官思维模型"这样的"三角锥体"。在体制内,不必研究法官的思维是什么,沿着优秀前辈的路径,往前走就好,会有优秀的人帮你把关,助你成长。其实这条前人走出来的路,就是思维模型。更确切地说,是一种具有法官标签的思考模式、办案模式和裁判方法。

记得我刚进法院的时候,带教的一位法官对申请再审案件组织听证,开庭前案卷她都没看过,一边提问一边翻卷,案子就清楚了,那时觉得这个法官真厉害。而当我成为一名法官后,起初审查申请再审案件,需要将一审、二审的卷宗一页不落看完，准备好听证提纲才敢去法庭，时间长了我也跟前面那位法官一样了。可见，法官思维不是一朝一夕形成的，而是在漫长的案件办理过程中，在处理堆积如山的案卷材料后，从焦虑不安到潜移默化产生的过程，是不断练习的结果。要不怎么说"成熟的法官都是案子'喂'出来的"呢？因此，我认为先有了前面的经验模式，才有了抽象的思维模型。

虽然按照霍姆斯所言，逻辑似乎是较经验低层次的，但是只有借助逻辑的铺垫和模型的架构，才能完成有效而准确的经验传递过程。通过明确的行为和路径指引训练，养成思维、形成惯性、变成经验，最终成为本能。

回到本书，法官思维模型是受到曾鸣教授"点、线、面、体"理论的启发而构建，目的是通过抽象的思维模型将核心要件进行拆分、用直观可视的方法呈现思考过程，以达到化繁为简的效果。

然而，法官思维模型的价值并不是真的要培养律师的法官思维，因为在实际分享和培训过程中，作者发现，思维的存在可以感受到，觉得有收获、有启发，却很难通过短期的学习拥有它。就像罗振宇所说："做事从前往后推，是骑驴看唱本走着瞧，不确定性很强；从后往前拉，是从确定性里找可实现的切入点，其实没有那么难。"本书希望通过对路径的说明，让法官思维模型在某种程度上带给你确定性，找到方向，然后运用这个方法，找到合理的路径，这便是法官思维模型产生的源泉。如果律师把自己假设成法官，那么永远只是脑海中的假设；反之，在数学逻辑带给你的确定性中找切入点，就会容易很多，也避免了诸多没用的纠结。既然技能比思维更容易学习和掌握，那么我们就以诉讼实操为切入点，帮助大家寻找思维的肌肉记忆点。

总之，本书不仅会告诉你法官怎么想，更希望教你怎么做。企望让没有法官经历的律师具有法官思维，这是几乎不可能完成的任务。因此，本书把法官的思维习惯转变成诉讼的"特定行为"，拟通过"刻意练习"的方法形成诉讼的"固定动作"，无须像以往那样把精力用于揣测，只要代入本书中的方法去实践，就会有更加接近法官思维的诉讼方案。

正是因为法官的思维并不玄幻，有迹可循，才能成就法官思维模型的"三角锥体"。但不得不承认，"三角锥体"的数学模型可能让法学专业出身的大多数律师在初见时觉得陌生、难解，并产生抵触，但当你沉下心来，运用法律人擅长的逻辑去了解它时，就会发现它是助你快速找到路径的工具，相信你会喜欢上它。

此外，对于如今的法学院毕业生来说，多年的大学教育，大量知识输入，缺少技能输出，缺乏校园与职场之间角色转换的过渡。从职场需求的角度来看，律师提供法律服务，就意味着律师需要有法律的专业和服务的技能。有人问我，法官眼中的好律师是什么样的？希望这个问题可以在你读完本书的时候，找到属于你自己的答案。

我还有一个小小的情怀，希望这套模型可以缩小法学院教育与法学毕业生法律技能之间的鸿沟，将知识转化为技能，帮助法律人才更快上手法律工作，在未来的人生职业规划和选择时，增加一点儿笃定，最终实现落地。

2022年，注定是不平凡的一年，对于法律人来说更是考验。不得不说，未来的律师行业，不易又充满希望。谁不是一边摸着石头过河，一边努力成长为梦想中的样子？

我们一起加油吧！

CONTENTS —— 目录

第一章　法官思维篇 ……………………………………………… 1
一、律师思维与法官思维 ……………………………………… 2
（一）法官思维模型之律师视角构建 …………………………… 2
（二）法官思维模型之法官视角构建 …………………………… 3
二、法官思维模型之逻辑架构 ………………………………… 5
（一）法官思维模型的逻辑架构 ………………………………… 5
（二）对法官思维模型逻辑架构的理解 ………………………… 9
三、法官思维模型之裁判架构 ………………………………… 10
（一）法官思维模型的裁判逻辑 ………………………………… 10
（二）法官思维模型裁判逻辑的表现形式 ……………………… 12
（三）法官思维模型裁判架构对律师诉讼的启发 ……………… 14
四、法官思维特点与律师思维特点 …………………………… 15
（一）用法官思维模型解析法官思维特点 ……………………… 15
（二）通过与法官思维特点的比较理解律师思维 ……………… 23
（三）法官思维与律师思维差异性汇总 ………………………… 26
五、用户视角对法官思维和律师思维的不同影响 …………… 26
（一）律师的用户视角 …………………………………………… 26
（二）法官的用户视角 …………………………………………… 31
六、法官思维模型总结 ………………………………………… 44
（一）直观可视又不缺乏思维弹性 ……………………………… 45
（二）提供路径选择又具有容错性 ……………………………… 45
（三）化繁为简又不失真 ………………………………………… 46

（四）通过经验整合又避免不可证伪性 ……………………………… 47
（五）整合诉讼全流程又提供诉讼逻辑和诉讼思维 …………………… 48
（六）框定裁判边界又提供可延展空间 ………………………………… 48
（七）整合不同视角和立场又实现无缝对接和角色转换 ……………… 48

第二章　诉讼场景篇 …………………………………………………… 50
一、谈判场景 ……………………………………………………………… 50
　　（一）谈判场景下的法官思维 ………………………………………… 50
　　（二）法官思维对律师谈判的利与弊 ………………………………… 55
　　（三）谈判后法律意见书的制作 ……………………………………… 56
二、检索场景 ……………………………………………………………… 65
　　（一）检索类案裁判思路 ……………………………………………… 65
　　（二）检索法官裁判风格 ……………………………………………… 67
三、诉讼场景 ……………………………………………………………… 72
　　（一）一审中的法官思维 ……………………………………………… 72
　　（二）二审中的法官思维 ……………………………………………… 86
　　（三）申请再审中的法官思维 ………………………………………… 102
四、调解场景 ……………………………………………………………… 111
　　（一）诉调对接场景下的法官思维 …………………………………… 111
　　（二）诉讼中调解的利与弊 …………………………………………… 114
　　（三）民事调解书的救济 ……………………………………………… 116
五、证据场景 ……………………………………………………………… 118
　　（一）证据的重要性 …………………………………………………… 118

（二）证据的形式 …………………………………… 119
　　（三）证据的收集 …………………………………… 121
　　（四）证据的整理 …………………………………… 123
　　（五）证据的其他问题 ……………………………… 129
六、庭审场景 …………………………………………… 130
　　（一）视觉可视化 …………………………………… 131
　　（二）听觉可视化 …………………………………… 143
　　（三）庭审准备 ……………………………………… 145
七、庭后场景 …………………………………………… 150
　　（一）庭后沟通 ……………………………………… 150
　　（二）案件复盘 ……………………………………… 153
　　（三）案卷归档 ……………………………………… 159

第三章　职业选择篇 ……………………………………… 161
一、身份选择——律师还是法官？ …………………… 161
　　（一）理想很丰满——我要自由 …………………… 162
　　（二）现实很骨感——我要生存 …………………… 165
　　（三）拥抱不确定，自我成长 ……………………… 166
二、律所选择——选律所还是选老师？ ……………… 167
三、执业选择——专业化还是"万金油"？ ………… 172
四、领域选择——非诉还是诉讼？ …………………… 175
　　（一）非诉律师和诉讼律师的区别 ………………… 175
　　（二）诉讼和非诉的关系 …………………………… 175

（三）选择诉讼律师还是非诉律师？ ……………………… 177
五、费用选择——收费还是免费？ ………………………………… 178
　　（一）关于代理费 ………………………………………………… 179
　　（二）关于咨询费 ………………………………………………… 181

参考文献 ………………………………………………………………… 183
致谢 ……………………………………………………………………… 185

CHAPTER 1

第一章

法官思维篇

你想了解法官的裁判思维和法理逻辑吗？你想有效拓展律师诉讼策略的深度和广度吗？我们一同探索法官思维模型，并通过解析法官思维模型，以升维的方式理解法官裁判逻辑，以降维的方式制定律师诉讼策略。

做加法，是人类的本能，却往往忽略"减法的力量"。法官思维模型希望通过减法的理念，来实现借鉴和理解法官思维，提升律师思维的目的。我们在本章的开篇提出如下几个关于法官思维模型的问题，并希望通过本章的讲述，帮助大家寻找答案。

1. 它可以直观可视又不缺乏思维弹性吗？
2. 它可以提供路径选择又具有容错性吗？
3. 它可以化繁为简又不失真吗？
4. 它可以通过经验整合又避免不可证伪性吗？
5. 它可以整合诉讼全流程又提供诉讼逻辑和诉讼思维吗？
6. 它可以框定裁判边界又提供可延展空间吗？
7. 它可以整合不同视角和立场又实现无缝对接和角色转换吗？

一、律师思维与法官思维

律师与法官作为职业共同体，是法治建设的重要组成部分。同为法律人，有其相同的底层智慧，也存在极大的思维差异。从事审判工作多年，我发现，即便在案件结束或判决生效后，律师仍然会站在代理人的角度"吐槽"法官裁判"不公"，鲜少深究判决结果的底层逻辑和深层价值。这不仅是因为律师和法官的职责来源不同，双方追求的终极目标不同，最根本的原因是二者的思维方式和思考角度不同。

受到曾鸣教授"点、线、面、体"思维模式的启发，我设计了法官思维模型，用于分析法官思维特点，拆解法官审判路径，帮助大家更好地理解法官的裁判逻辑，继而形成更符合法官裁判角度的诉讼思路。简单来看，律师的工作是"诉"，法官的职责是"判"。法官思维模型的建立就是通过剖析和学习法官"判"的思维和逻辑，设计律师"诉"的路径，提升律师的诉讼技能。

（一）法官思维模型之律师视角构建

众所周知，法官裁判案件源于律师诉讼，律师先于法官对案件进行分析整理，为诉讼做好充分的诉前准备。正因为案件起源于律师，并会对法官的裁判产生一定影响，在构建法官思维模型时，我们理应以律师视角为出发点。如图1所示。

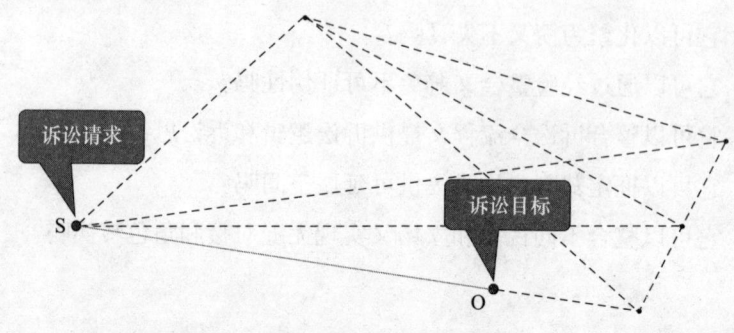

图1 法官思维模型——律师视角

在图 1 中，我们首先看到点 S 和点 O，点 O 代表诉讼目标，点 S 代表诉讼请求。律师的诉讼思路是以当事人的诉讼目标（点 O）为起点，根据委托人的意向和需求，倒逼自己思考解决之道。梳理事实、检索类案、研究法条，寻找案件事实依据或相关法律依据，确定诉讼请求（点 S），构建从诉讼请求到诉讼目标之间的合理路径（线 SO），以期在法律层面实现法院裁判结果与当事人诉求之间的"无缝"对接。

由于律师在诉讼准备过程中，重点从委托人立场出发，结合自身的专业角度对案件进行分析论证，目光不断往返流转于其认知的案件"始末"，所以容易落入这种线性思维里。这不仅因为律师在对案件分析整理时"煞费苦心"，亦因为律师的用户视角限制了其思维回路的边界。这就是为什么即使案件已成定局，律师仍然在自己笃定的逻辑里面不肯出来的原因。

（二）法官思维模型之法官视角构建

法官作为公平正义的化身，不仅要实现个案正义，更要把握案件的普适性原则，以实现公正裁判的最高价值追求。基于公权力赋予法官的天然审判优势，势必需要法官看到比律师更高更全面的点、线、面，势必需要法官比律师更客观、更中立地把握案件走向，势必需要法官从"点、线、面"的维度升至"体"的维度。

如图 2 所示，法官以其区别于律师的视角，从点 T 出发，以诉讼请求点 S 为案件的起始审理点，通过审查双方提交的起诉状、反诉状、答辩状、上诉状、证据册、证人证言、鉴定意见等案件所有相关材料所构建的多"点"，再结合庭审调查的实际情况，审视律师的诉讼路径线 SO，进行事实判断，继而将案件事实上升为法律事实，从而确定法律适用规则，再结合价值判断，预测可能的裁判结果（线段 AC）。因此，法官视角只有适当超出并高于律师视角，才能确保其对全局的把控。在图 2 中，表现为法官在点 T 俯瞰该模型全貌，似有"登泰山而小天下"之感。

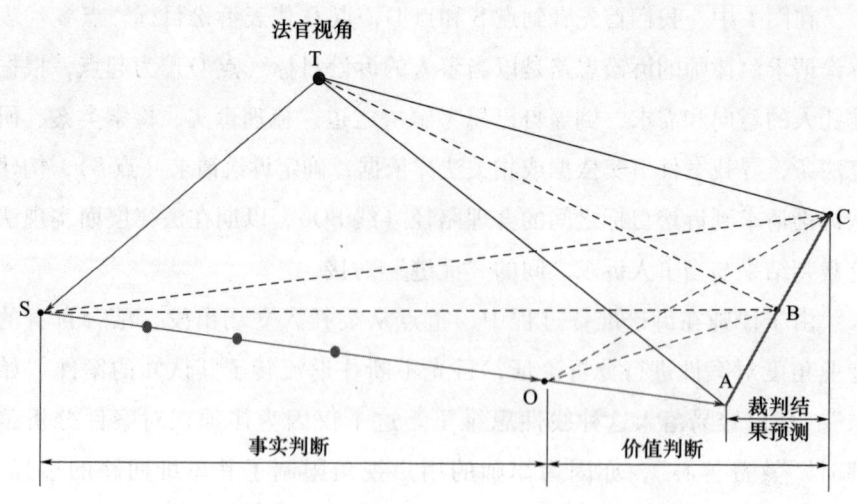

图2　法官思维模型——法官视角

需要强调的是，裁判结果预测线段 AC 体现了所有可能裁判结果的集合，应当理解为点的集合，而不单纯是一条线段。在一个案件中，不同的当事人有不同的诉求，不同的法官对案件亦有不同的判断，存在偏差，甚至大相径庭。而裁判结果预测首先来源于律师的诉，根据不同类型的诉，会产生不同的预测结果；其次才是法官对案情的把握，对证据的采信和对法律适用的理解，是事实判断和价值判断共同作用的结果。

通过对图1和图2的分析，我们不难发现，律师在明确了当事人诉讼目标的前提下，逆推确定诉讼请求。法官以诉讼请求为起始审理点，通过诉讼程序的展开，审视律师的诉讼路径，预测裁判结果，确定裁判结论。区别在于：律师易于陷入线性思维，因为律师的工作是从"找线"开始的，法官则是以点出发，更利于拓展为线、面、体。诚然，法官应有的认知高度是其社会责任感的必然体现，而律师的责任感多来自当事人的委托，以维护委托人的合法权益为己任。但是，熊浩老师说："对现实世界的观察不应是平视的，特别是作为法律人，尤其应当选择自上而下的视角，方能打破'思维定势'，提升对现实的贯通能力。"

二、 法官思维模型之逻辑架构

（一）法官思维模型的逻辑架构

众所周知，法官裁判应"以事实为依据，以法律为准绳"，由此可推断，法官的裁判结果至少应由事实和法律两个要素共同确定。前已述及，在法官思维模型中，线段 AC 代表可能裁判结果的集合，同时，线段 AC 又是底面和斜面的交线，自然地推出这两个面分别代表事实和法律。

考虑到线段 SO 是律师的诉讼路径，而待证事实是确定律师诉讼请求的主要依据，如果我们认为案件裁判的要素只有事实和法律的话，那么当底面代表事实时，斜面自然代表法律。如图 3 所示，以事实为基础（底面 SAC），结合法律适用（斜面 TAC），落地为可行的裁判结果（线段 AC），体现事实与法律相结合的特征。

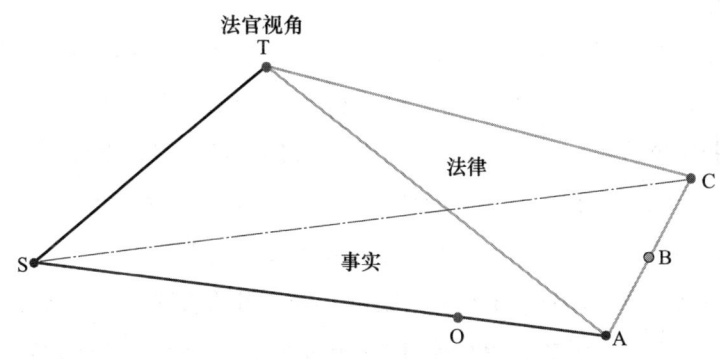

图 3　法官思维模型之逻辑架构 -1

若仅从裁判原则来说，将案件事实和法律适用进行完美结合，针对个案形成合理的"叙事链条"及裁判逻辑，进而交叠出满意的预测结果。这个模型似乎没有问题，但不知你是否发现该架构存在逻辑问题？

我们说线段 SO 是律师选择的诉讼路径，那么这条路径就不仅仅是基于事实，更应当基于法律，故线段 SO 不仅包含事实还应包含法律，具有事实和法律的双重属性，而其作为面 SAC 上的线，属性自然延伸至整个底面。因此，底面 SAC 应当包含事实和法律，而不仅仅只有事实。我们对图 3 进行了修正，如图 4 所示。至此，我们赋予了底面含义，即：事实 + 法律。

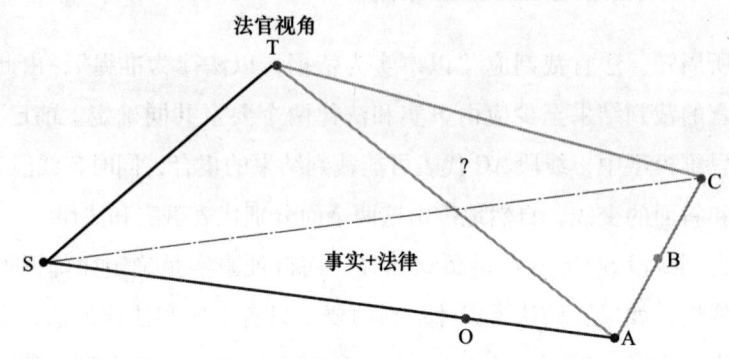

图 4　法官思维模型之逻辑架构 –2

事实，是指案件事实、法律事实，或者说能查明证实的现有事实；法律是指法律适用。

作为一个曾经的裁判者，深知除了事实和法律，一个法官在面对具体案件时，还必须进行全方位的考量，有认识，有选择，有坚守，也有无奈。但我坚持认为，没有对事实与法律之外因素的考量，案件的裁判结果往往会缺乏温度，有失高度。因此，法官往往会比你多考虑那么一点儿，多向前延伸那么一点儿，多放大法律后果那么一点儿。

接下来，我们通过一个真实的案例，看一看法官除了对事实和法律的认定外，还会融入哪些思考？我们来分析法官思维模型的斜面 TAC。

以医生劝阻电梯吸烟案为例。

1. 案情简介

2017 年 5 月 2 日，河南杨姓医生在电梯内劝阻一位正在抽烟的老人段某，两人发生口角，段某情绪激动后，突发心脏病死亡。

2. 一审判决

一审法院认为，依据侵权责任法之规定，受害人和行为人对损害的发生均无过错，可根据实际情况，由双方分担损失。根据公平原则，判决杨某向段某家属补偿 1.5 万元。

3. 二审判决

二审法院认为，杨某对段某在电梯内吸烟予以劝阻合法正当，是自觉维护社会公共秩序和公共利益的行为，一审判决判令杨某分担损失，让正当行使"劝阻吸烟权利"的公民承担补偿责任，会挫伤公民依法维护社会公共利益的积极性，既是对社会公共利益的损害，也与民法的立法宗旨相悖，不利于促进社会文明，不利于引导公众共同创造良好的公共环境。撤销一审判决，驳回段某家属的全部诉讼请求。

4. 套用法官思维模型对案件进行分析

案件事实：劝阻吸烟者与被劝阻老人发生口角，二人分开后不久，老人猝死。

法律适用：侵权责任法。

裁判结果：一审法院本着"以事实为依据，以法律为准绳"的原则，判决双方分担损失。二审法官引入了社会公共利益、社会主义核心价值观的考量，是对社会公共利益维护行为的肯定，是对勇于维护社会公共利益、群体利益、他人利益行为的肯定。改判为免除劝阻吸烟者的民事责任。

转化为法官思维模型，如图 5 所示。

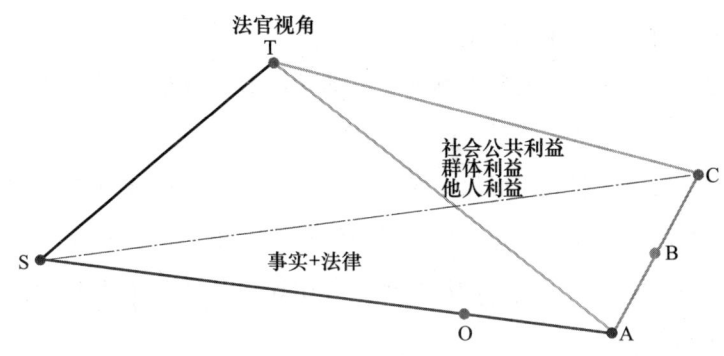

图 5　法官思维模型之逻辑架构 –3

评析：一审法院依据事实和法律作出判决，二审法院在此基础上，加入了对社会公共利益和社会主义核心价值观的考量。因此，法官在确认事实和法律的基础上，须结合诸如伦理、情感、社会公共利益等事实与法律之外影响公平正义的因素进行权衡。

事实与法律之外的因素，往往来源于现实主义思维层面，这才是斜面TAC 的应有之义！

关于该案例，在网络上，也有一些质疑的声音。比如，有人提出：二审改判的结果并不合理，毕竟"死者为大"。

本案中，我们不免要提到公序良俗，但我认为公序良俗是下限，本案已经对其进行了进一步的升华。然而，对于什么是公序良俗，每个人有不同的理解，不同的法官也有不同的解读，不同的立场亦会影响对结果的判断。

所谓公序良俗，即公共秩序，善良风俗。该案例中，生效判决倾向于维护社会公共秩序，保护群体利益。然而，却被质疑没有尊重"死者为大"的善良风俗。我相信，即使该案判决倾向于"死者为大"，依然会有人跳出来说个人利益怎能超出公共利益？看，这就是法官的难处！

此种情况下，需要运用法官智慧予以权衡。我猜测法官在改判时，已充分思考了这两个方面。若维持一审判决，似乎没能对维护社会公共利益和公益道德行为给予正面评价，看似"死者为大"，却未必"服众"。本案中，死者有心脏病史，与医生发生争执是否为导致段某死亡的主要原因，会影响法官对裁判结果的认定。

总之，往往法官在裁判中牺牲一小部分利益可能是为了保护更大的公平正义。

通过该案例，我们也可以比较清晰地发现，一审法官和二审法官所考虑问题的维度是有差别的，一审法官更注重个案正义，二审法官更注重类案影响，本章第五节"法官的用户视角"中还会继续展开讲述不同审级法官的不同视角。

（二）对法官思维模型逻辑架构的理解

于法律人而言，司法三段论是最基本的法律适用方法，其基本形式是：

1. 以法律规范为大前提；
2. 以具体案件事实为小前提；
3. 根据逻辑三段论推导出结论。

如前所述，法律、事实、结论是法官思维模型的底层逻辑。司法三段论从形式主义思维的角度，保证法的适用过程的合理性与确定性，但要解决法的适用的实质合理性，还需要融入对现实主义思维的考量，以实现法官裁判的普适正义，促进法律思维与时俱进。如图6所示。

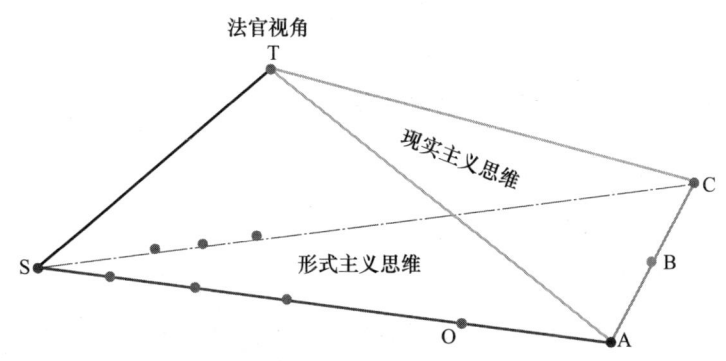

图6 法官思维模型之逻辑架构 –4

结合案例，旨在说明法官在裁判中，需要融合形式主义和现实主义两种思维模式，在事实确认与法律认定的基础上，结合社会公共利益、伦理、社会价值等法律之外的因素综合作出判断，以实现法理和情理相结合，达到法律效果和社会效果的有机统一。用"现实主义思维"来概括斜面TAC，是因为现实主义所表达的内容足以涵盖其他概念。法官在日常办案中对现实主义思维的运用，是法官在审理案件中，经过长期思考和训练产生的一种"感觉"，就是在办案中存在的经验和直觉。

总而言之，法官着眼于类案正义，律师追求个案公平。法官是人，有感情，也有认知局限，更有其坚守的立场。任何裁判，都是法官在其认知基础之上，适当运用和发挥现实主义思维所得出。如何裁量更合理，貌似是一种选择，其实往往是人性。终究是在坚持形式主义思维的基础上，较好地发挥现实主义思维的力量。

增加对斜面的认识是法官思维模型高级感的表现，某种程度上，法官在裁判中未必会明确阐述，但从三维的视角来看，不难发现，其对于底面的影响是现实存在的，投影在法官对于三段论思维的运用层面。因此，司法三段论可以确保裁判正确，但只有现实主义层面的考量才能确保裁判高级。

三、法官思维模型之裁判架构

（一）法官思维模型的裁判逻辑

法官裁判案件的一般步骤：

第一步，分析请求权基础及其法律依据，对法律关系进行判断，选择适用的法律规则。

第二步，通过对证据证明力和证明标准的判断，确认待证事实，寻求从客观事实上升为法律事实的路径。

第三步，对案件进行反思，预测裁判结果和法律后果，优先适用法律规则，审慎适用法律原则，最终确定裁判结论。

法官裁判过程中，对证据和规则的确认属于形式主义思维层面，对原则的适用则是对法官价值判断的指导，属于现实主义思维层面。我们将法官思维模型的内容变为更易于理解的形式，如图 7 所示。

我们不难发现，法官的权力边界被限定在法律规则和法律原则的框架内，法官的裁判规则用公式表达为：证据 + 规则（+原则）= 结论。

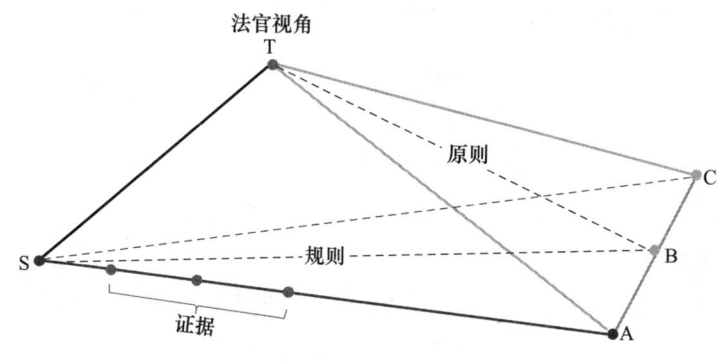

图 7　法官思维模型之裁判逻辑 –1

霍姆斯说："法律的生命不在于逻辑，而在于经验。"经验常常表现为法官的直觉，是法官经过长期专业的审判实践积累和总结得出的。都说一个人的气质里，藏着他走过的路，读过的书，爱过的人……那么，法官的直觉里，必然藏着他读过的案例，看过的法条，纠结过的争议焦点，谨慎作出的裁判文书等。法官如何将看似超乎逻辑的直觉变为逻辑的裁判，需要通过对法律思维的运用，对法律法规的理解，完成主观认定的客观化，将法官心证转变为有理有据的裁判理由，立论后再给出合法的裁判。

如何适用规则，对于法律人来说并不算难题，律师往往觉得不可思议的就是原则的适用，究竟什么时候才应适用原则？怎样适用才足够审慎？我认为，当规则滞后时；当规则不足以认定基本事实时；亦或者虽然有三段论支撑，却不足以完成法官裁判的自圆其说时；甚或是为了在大环境下的"和谐"时，原则都可以起到完整裁判逻辑的效果。如果说适用规则是"以理服人"，那么适用原则可以理解为"以德服人"。

结合律师的诉讼逻辑进一步说明。如图 8 所示，点 S 是律师的诉讼请求，点 O 是律师的诉讼目标，线段 SO 作为律师的诉讼路径，包含案件证据、鉴定意见、证人证言等证据资料，以及律师选择适用的法律规则、类案检索等，当线段 SO 与法官的裁判思路一致时，法官在事实判断和价值判断的基础上作出判决结果：点 A，此时，律师的诉讼路径与法官的裁判路径重合，律师全案胜诉。反之，如果法官的裁判路径与律师的诉讼路径完全相左，或者说与被告的反驳路径完全一致，那么，裁判结果为点 C。

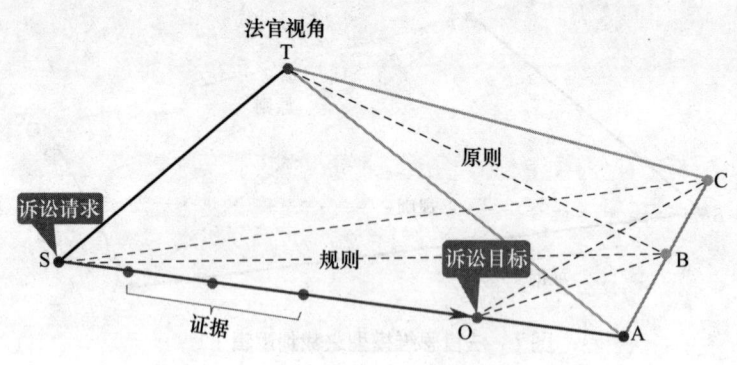

图 8　法官思维模型之裁判逻辑 –2

（二）法官思维模型裁判逻辑的表现形式

诉讼是各方博弈，法官不仅要审查一方的诉讼路径线段 SO，还要全面审查其他各方当事人的诉讼路径，即整个底面 SAC。故，法官必须充分审视各方的讼争点，对案件进行全面、多维的判断，力求作出最满意的裁判。如图 9 所示，我们赋予法官思维模型更明确的含义。

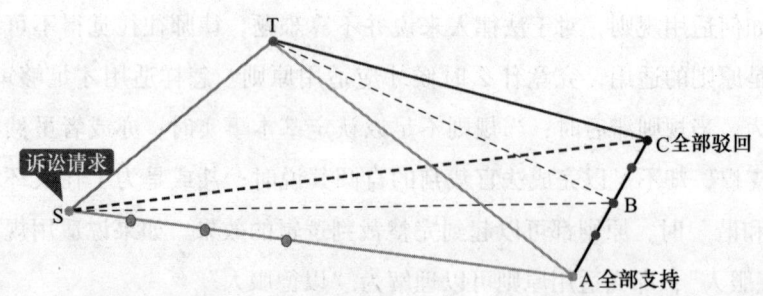

图 9　法官思维模型之裁判逻辑的应用

点 S：原告的诉讼请求。

点 A：判决支持原告的全部诉讼请求。

点 C：对原告的诉讼请求不予支持。

用公式表达则更为精确：C = – A。

关于点 C 有几点需要指出，如果是实体判决，点 C 是驳回原告全部诉讼请求；但如果因为其他如主体不适格等程序问题引起，那么点 C 可能是裁定驳回起诉、裁定不予受理。此外，还有一个特殊情形，在离婚案件中，通常原告的诉讼请求不仅包括解除婚姻关系，还包括抚养权及财产分割的诉请，但如果法院认为双方婚姻关系不应判决解除，此时，点 C 为不准予原被告离婚，而不是驳回全部诉讼请求。

具体来说，点 S 作为原告的诉讼请求，不仅是案件的起点，还确定了裁判的边界。A 代表胜诉，C 代表败诉。那么，当法官部分支持律师的诉讼请求 S 时，裁判结果 B 自然是线段 AC 上的任意一点。而且，不管是在一审、二审或其他阶段，依据法律规定，法官均不能遗漏或超出诉讼请求判决，故 B 必然会落在区间 [A，C] 内。

转化为数学模型为：$A \geqslant B \geqslant C \geqslant 0$。

所有的裁判逻辑都将体现为法官的思维闭环。如图 10 所示，线段 SA 是原告请求其诉讼请求被全部支持的诉讼路径，线段 SC 是被告反诉或反驳原告全部诉讼请求的路径。点 αi 的集合、点 ci 的集合分别是原告和被告用于证明待证事实的相关依据和理由。如果法官的裁判结论是点 B，线段 TS 是法官视角的起源，点 bi 的集合是构成法官对案件事实认定的基本要素，线段 SB 是构成法官裁判路径和法律评价的要素，那么，垂面 TSB 即为构成法官思维环路的要素。

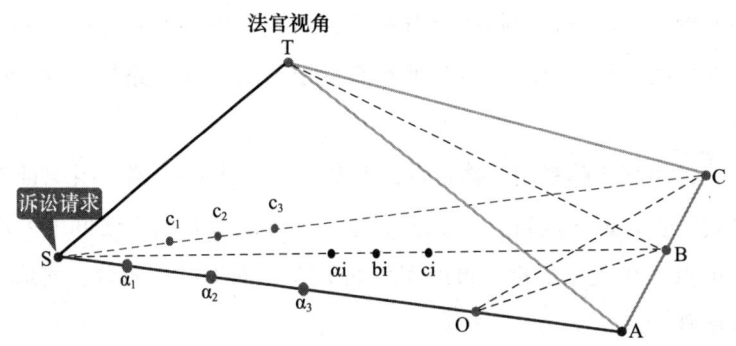

图 10　法官思维模型——裁判逻辑的表现形式

而法官的思维闭环终将表现在裁判文书中，如图11所示，我们将法官思维模型中的点和线嵌入法院的裁判文书中。

民事判决书
....
经审理查明：a_1、$a_2…a_i/b_1$、$b_2…b_i/c_1$、$c_2…c_i$
本院认为：SA/SB/SC
判决如下：A/B/C。

图11　法官思维闭环的具体表现

同理，法官的论证逻辑表现在法官思维模型中，即由点T、点S和可预测裁判结果点A/B/C所构成的垂面TSA/TSB/TSC。站在律师的角度，应当尽可能将思维体细化至思维面，以实现诉讼目的。

（三）法官思维模型裁判架构对律师诉讼的启发

律师应当以升维的方式决策，以降维的方式诉讼。

律师的诉讼目标来源于当事人委托。为了实现目标，律师会反复验证自己的诉讼路径、强化认知、自我说服，极易使得其视角被固定在二维的"线段"上。然而，法官思维是在三维框架下的逻辑延伸，想要提升对裁判结果预判的准确度，律师就应当先跳脱出线性思维，升维思考诉讼请求被全案支持的后果，以终局性思维判断诉讼请求、诉讼路径、诉讼策略是否妥帖。

接着，回归律师视角，修正诉讼路径，完善诉讼策略，组织证据证明待证事实，强化诉讼逻辑，尽量缩小与法官可能裁判结果之间的差距，实现点B向点A的无限靠近，最终实现面TSA与面TSB的重合，完成降维打击，获得胜诉。

小结：

法官裁判的基本原则是"以事实为依据，以法律为准绳"，最基本要求是"自圆其说",在法官思维模型中表现在垂面的逻辑闭环中。

如果所有案件都是非分明,法官裁判自然容易。但现实是:部分当事人法律意识淡薄,证据意识缺失,导致案件真伪不明。即使法官心证的事实与通过法律逻辑认定的法律事实相悖,法官也只能依据证据规则、法律规则作出与内心确认不那么相符的裁判。

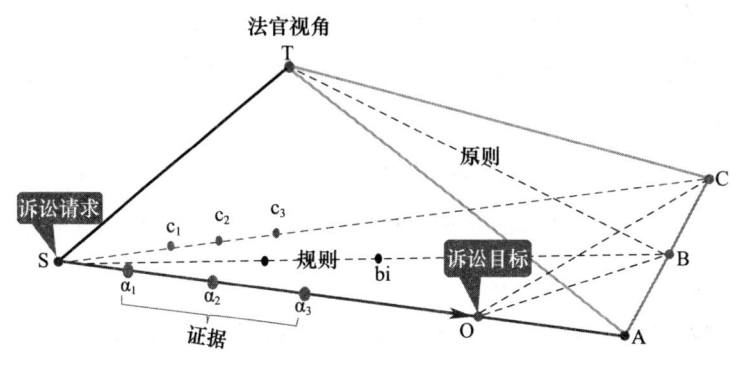

图 12 法官思维模型

通过本章前三篇的讲述,我们试图通过法官思维模型的搭建(见图 12),以"点、线、面、体"的方式解析法官思维、分析裁判逻辑,理解法官与律师之间的思维差异,即:律师以诉讼目标为出发点,寻找诉讼请求到诉讼目标之间的最佳路径。法官基于其全局观和中立性思维,审视各方当事人的诉讼主张,平衡法律价值和社会价值,选择最优裁判路径。

四、法官思维特点与律师思维特点

(一)用法官思维模型解析法官思维特点

1. 法官的中立性思维

如果法官在分析错综复杂的法律关系时,不能与双方当事人保持同等的司法距离,将很难追求真正的公平正义。所以,在法官诸多的思维当中,中立性思维对于审判行为的优化最为有益。这也是为什么在法庭的布置上，法官位高、居中，与双方当事人保持相同距离。这不仅是一种物理上的效果，更是一种心理层面的暗示，强调法官的权力与地位，更强调法官的中立裁判要求。但是，站在律师的立场，法官的中立性思维往往会让律师产生法官"偏袒"的嫌疑。因为无论法官判决什么结果，败诉的一方通常都会认为法官倾向了另一方。

不得不承认，中立性思维或中立性裁判结果可能会折损部分利益，而被折损的利益有可能恰好是律师想要保护和追求的，但当这个利益需要牺牲于更大的公平正义之下时，法官的裁判思维是舍小取大。

在审判实践中，法院对纯粹经济损失一般不予保护。表面看来对于受害者似为不公，实则是为了确保更大的社会公平。因为事物是普遍联系的，谁都有可能成为引起龙卷风的那只蝴蝶，如果一切损失皆追本溯源，要求行为人承担，那么行为人将会面临无数未知的赔偿责任。所以，对于一般人可以自我容忍、自我承担范围内的纯粹经济损失切断救济，维护社会稳定和经济发展，才是真正的公平正义。而追求公平正义，永远是法官的核心价值观和深埋在法官职业生涯里的底层逻辑。因此，有可能法官在裁判中牺牲的一小部分利益，是为了保护更大意义的公平正义。

法官的中立性思维在法官思维模型中的表现，如图13所示，法官居中裁判，与双方当事人保持同等距离。因此，斜面TAC是一个等腰三角形。

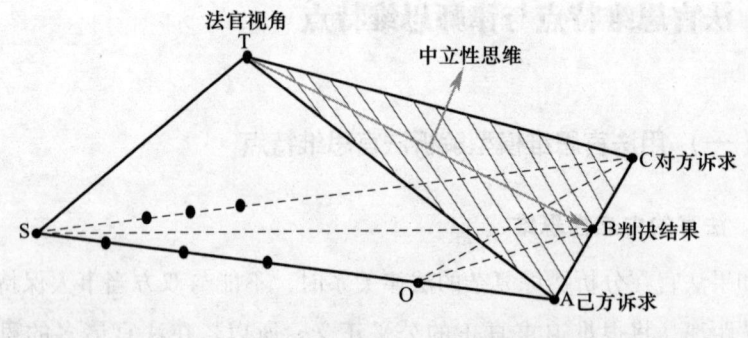

图13　法官思维模型——中立性思维

前面我们已经讲过，线段 AC 是案件裁判的边界，如果我们在 AC 上选取它的中点 B 作为法官的裁判结论，那么对于法官来说，这是极其中立的选择。但是，我们从图 13 不难看出，法官的裁判结果在己方诉求与对方请求之间。因此，无论从点 A 看点 B，还是从点 C 看点 B，结果对于各自立场而言，都是偏向另一方当事人的。这就出现了一个非常有趣的现象，即相同的点，对于法官和律师却出现了相反的结论。在法官这里，分明是中立，在律师那里，却成了偏袒。因而，站在不同的角度看结果，会得出不同的结论。或许无关对错，只是视角不同。

2. 法官的逻辑性思维与非逻辑性思维

逻辑是法律思维的灵魂，在思维结构中处于中心地位，是思维的关键组成要素，可以说逻辑性思维在法官日常审理案件工作中是最重要的思维方式之一。

法官的逻辑性思维首先表现在对法律规则的忠诚与尊重上，这是由于法律规则本身在制定的时候就是按照严密的逻辑加以建构的。另外，法官的逻辑性思维还表现在法官对证据的重视上，这是因为只有在证据基础之上，通过逻辑性思维才有可能回溯到案件事实。所以，逻辑性思维是法官进行理性裁判的基石，而理性裁判的着眼点在某种程度上取决于律师的工作，如：诉讼文书的写作是否符合逻辑、证据与待证事实之间是否逻辑严密、庭审中律师的陈述是否逻辑自洽等。总之，法官运用逻辑思维对涉案证据材料和案件事实情况进行理性分析、推理和判断，并在逻辑框架下借助于非逻辑性思维，如运用经验思维、直觉思维等对证据材料或案件事实进行判断。

在审判实践中，除了理性的逻辑判断，法官的裁判有时还离不开经验和直觉。美国法官卡多佐提出，其裁判方法主要是逻辑、历史、习惯、社会学。我认为，逻辑是底层建构，经验是社会价值，而法官之所以有时不得不将法官的价值观、个人体验、社会价值等法律之外的因素融入对案件的裁判，往往是因为法律的滞后性。但无论如何，法官的裁判即便无法适用规则，也依然不会突破原则的边界。

法官思维模型中逻辑性思维与非逻辑性思维的表现为：

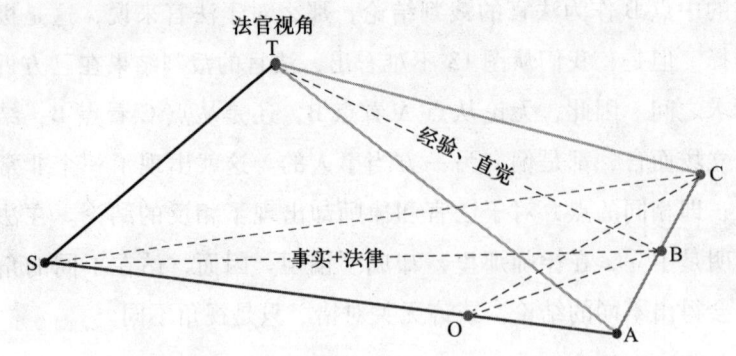

图 14　逻辑性思维与非逻辑性思维

图 14 所表达的是以三段论的底线思维为基础，经验、直觉等非逻辑性思维对案件裁判产生影响，最终事实和法律在非逻辑性思维的映射下给出更为理想的裁判结论。有人说，经验、直觉太过虚幻，如此，裁判结果将不落地。然而，经验对裁判产生的仅是影响和约束，并非决定因素。加之裁判的结果是落在底面三角形上的，因此，即便受到其他因素的影响，最终的裁判结论依然是"落地"的，属于法官主观认知的客观化，换一种理解就是，法官终究会以客观的方式阐明其主观加工过的裁判观点。

3. 法官的程序性思维

"迟到的正义非正义"说明了程序的重要性，而对于所有法律人来说，程序性思维都是极其重要的，离开了程序正义，实体正义根本无从谈起。任何实体上的事实、结论等，都是从特定的时间、空间、场合和步骤之中，由特定的人，以特定的方式展现。离开程序，实体问题就是空谈。然而，不同的法律职业对于程序的要求是不同的，法官毫无疑问是其中最应该重视和讲究程序的一类主体。特别是在诉讼阶段，公正程序的运行离不开法官，法官的程序性思维直接主导和决定着司法程序的规范展开。

民事诉讼法第一百七十七条第一款第（四）项规定，"原判决遗漏当事人或者违法缺席判决等严重违反法定程序的，裁定撤销原判决，发回原审人民法院重审。"这在二审审理过程中，发现程序违法，即发回重审的情形。民事诉讼法第二百零七条第（七）到（十一）项，是关于程序违法导致人民法院启动再审的情形，也就是说，案件一旦程序违法就是硬伤，对法官而言就是错案。

反观律师，如何恰当利用程序并提升结案效率是门技术活。通常来说，在一审案件中，但凡涉及有给付内容的案件，原告往往交起诉状，同时交保全申请。而被告通常为了拖延时间，提管辖权异议、提反诉、追加当事人等，几个程序先折腾一番。我的建议是：根据不同的案件情况，选择适度的"拖延"方式，巧妙运用程序，以法律程序为工具，实现利益最大化才是真正的智慧。否则，可能因为影响法官的结案率，从而给法官增添诸多不必要的麻烦。

除了对现有程序的应用外，当律师和法官面对相同的法律条文时，解读和思考的路径有没有差别呢？如图 15 所示，《最高人民法院关于适用〈中华人民共和国公司法〉若干问题的规定（四）》以"三分法"为基础，对公司决议不成立（点 A）、无效（点 B）、和可撤销（点 C）作出了明确规定，我们分析一下与诉讼程序相关的问题。

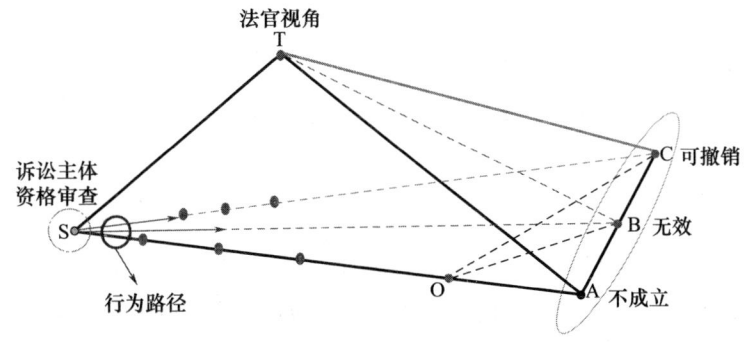

图 15　法官思维模型——程序性思维

面对该规定，律师考虑的是"谁来诉（点 S），怎么诉（线 SA/SB/SC）"。法官是"拿来主义"，怎么诉是律师的事，法官在审查过诉讼主体资格的程序问题后，要充分考虑"程序上是否存在冲突？应当怎么审？诉讼路径能否被支持？"等等。

（1）关于主体资格问题

《最高人民法院关于适用〈中华人民共和国公司法〉若干问题的规定（四）》第一条规定："公司股东、董事、监事等请求确认股东会或者股东大会、董事会决议无效或者不成立的，人民法院应当依法予以受理。"

第二条规定："依据民法典第八十五条、公司法第二十二条第二款请求撤销股东会或者股东大会、董事会决议的原告，应当在起诉时具有公司股东资格。"该两条规定系关于原告主体资格的规定。

第三条规定："原告请求确认股东会或者股东大会、董事会决议不成立、无效或者撤销决议的案件，应当列公司为被告。对决议涉及的其他利害关系人，可以依法列为第三人。一审法庭辩论终结前，其他有原告资格的人以相同的诉讼请求申请参加前款规定诉讼的，可以列为共同原告。"

以上三条是关于公司决议纠纷（《民事案件案由规定》）案件诉讼主体资格的明确规定。

除了法律明确规定的股东、董事、监事外，"等"字应当如何理解？我认为，"等"代表的应当是与股东会或股东大会、董事会决议内容有直接利害关系的其他人，包括公司高管、公司员工，或公司债权人等享有诉讼利益的人。但应排除公司高管、员工、公司债权人与公司之间发生除公司决议涉及的法律关系之外的其他法律关系，如：劳动合同关系、债权债务关系等。

（2）关于程序竞合的问题

审查了诉讼主体资格后，法官需要重点关注"决议无效、不成立和可撤销之间形态竞合的程序问题"。在司法实务中，股东会或股东大会、董事会的决议，往往可能在其内容上，因违反法律、行政法规的效力性强制性规定而无效的同时，其召集程序和表决方式又因违反法律、行政法规或公司章程的规定而存在可撤销的情形，也可能出现如内容无效同时召集程序、表决方式存在严重瑕疵而不成立的情形，亦有可能在一个会议的决议中的数个表决事项，有些事项内容无效，有些程序不合法等。另外，因可撤销之诉的原告主体资格及除斥期间的规定，决议无效、不成立和可撤销之间会呈现较为复杂的竞合形态。在进行法理分析的时候，我们可以指出决议是属于内容无效、不成立还是可撤销，但如果与当事人的诉讼请求相结合进行考虑，则更为复杂。如果当事人起诉决议内容无效，而人民法院审查后认为属于"不成立"或"可撤销"，如何判决？反之，当事人起诉决议内容不成立或可撤销，人民法院审理后认为构成决议内容无效，如何判决？又或者，当事人起诉一项或数项，而法院审查后发现不相一致，如何判决？

我的观点是，依职权审查合同效力是法院的法定职权，如果法院经审理后认为合同无效，应当依职权确认合同无效。即：股东会或者股东大会、董事会决议存在无效、不成立的情形，原告起诉主张撤销相关决议的，人民法院可以依法直接认定相关决议无效、不成立；股东会、股东大会或者董事会决议存在可撤销情形，原告起诉主张相关决议无效、决议不成立的，人民法院应当告知其变更诉讼请求，原告坚持不予变更的，裁定驳回起诉。

通过前面的分析，我们了解到即便是面对相同的法律条文，法官和律师的视角也有所不同，律师更倾向于点（如 S）和线（SA/SB/SC），而法官则更侧重线（SA/SB/SC）和面（SAC）。

4. 独断性思维和反省性思维

简单来说，法官在面对具体案件时必须能够独自作出裁判，"断之以独"。2022 年 1 月 1 日施行的新修订的民事诉讼法，虽然仅作了部分修改。然而，其中的一个亮点便是，增加了独任制适用的范围和比重，同时，将原法条中的"审判长"修改为"审判长或者独任审判员"。由此可见，绝大多数案件，都将由主审法官独立完成，除非重大疑难复杂案件。因此，法官被赋予了更多独立审判权，权力的扩大也带来了更大的责任承担，每个员额法官也会更加审慎地对待主审的案件。

如图 16 所示，点 T 即表示法官的独断性思维，无论在哪个诉讼阶段，主审法官都只有一个，即使合议庭作出裁判，合议庭也被视为一个整体。

因此，在法官思维模型中，我们仅需要用一个点 T 表示即可。因为，无论程序如何推进，底面的三角形终究是固定的。

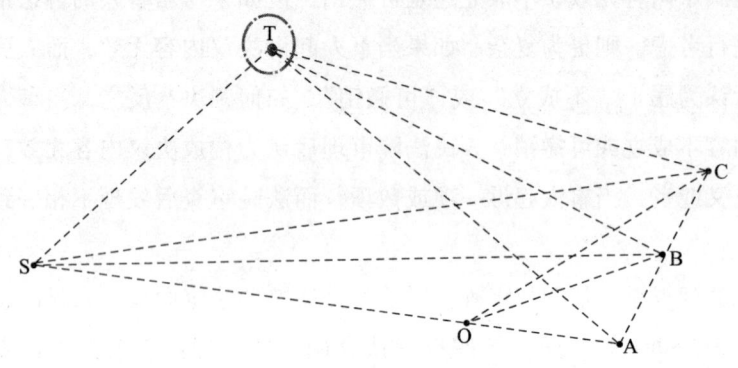

图 16　法官思维模型——独断性思维

法官的反省性思维，是指只要还没有作出最终裁判，具有责任感的法官就应该对案件进行不少于一次的反思和总结。因为开端和过程的正确并不能保证结果必然正确，而思维的漏洞却时常存在。秉持着反省性思维将整个案件在内心回放，不仅仅是谨慎地对待个案之所需，更是法官自身职责之所在。如图 17 所示，垂面 TSA、TSB、TSC 三个三角形即为法官逻辑回路的表现，因为法官的裁判必须要做到"自圆其说"，如果不能形成一个逻辑闭环，那么裁判的说服力就会大打折扣。

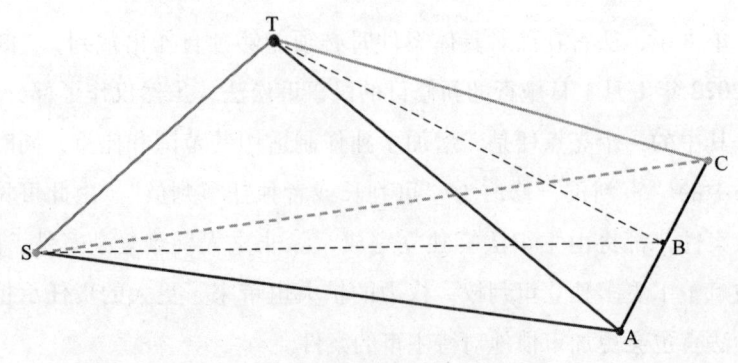

图 17　法官思维模型——反省性思维

概括来说，独断性思维是法官专业性、权威性的展现，反省性思维是法官作为公权力代表的责任。在我以往的办案经历里，遇到棘手的案子，也会不断反复推敲，甚至因为纠结如何裁判，时常失眠。这种情况可能在刑事法官的职业生涯里，会表现得更为普遍、更为突出。新手法官问自己最多的问题是"怎么办"？有一定经验后问自己最多的是"结果对不对"？这也是一个法官从形式主义思维到现实主义思维过渡的必经之路。"怎么办"，是解决点与线之间关系的问题，成熟后思考"结果对不对"，是由线上升到面，并解决面与面之间关系的问题。

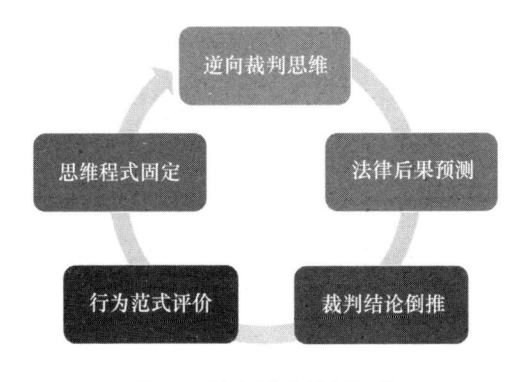

图 18　法官逆向裁判思维

（二）通过与法官思维特点的比较理解律师思维

律师往往以当事人的利益为出发点，追求法院裁判结果与当事人诉讼目的之间的最大契合。而法官则更善于运用逆向裁判思维，在法律后果预测、裁判结论倒推、行为范式评价、思维程式固定中完成。如图 18 所示，法官逆向裁判思维秉持后果实用主义，预测案件处理方案后果，拟定初步结论，思考裁判主文，通过证据分析建构事实，以法言法语对事实与行为进行评价并阐释法律精神，通过审判经验选择摆设法条。

如果说法官更关注气候，那么律师更倾向于关注天气。相较于法官，律师对于案件作出决策的出发点，更注重当事人的感受，这不仅是"成交"之所需，也符合律师作为法律服务提供者的职责范围。具体表现如下：

1. 律师代理的"夸张性"与法官裁判的严肃性

律师业务的本职要求其是"放大镜"，放大己方优势，掩饰己方不足；夸大对方不足，掩饰对方优势。但对法官来说，律师所掩盖的己方的不足，可能正是对方的优势，所以法官裁判具有全面性和严肃性。因为只有当法官是"局外人"，裁判才能更公正。

举例来说，在某案件中，对于己方不利的证据，在不影响证据链完整性的前提下，己方代理人可以选择暂不提交。但要为对方提出该证据做好质证准备。具体有关证据的问题，会在本书第三章详细展开。

2. 律师思维的"片断化"与法官判断的整体性

有时候，律师并不需要对整个案件负责，也不需要对全过程把控。因而，律师思维有可能出现单一性、片断性。比如，代理被告的律师，可能会针对原告诉状中的一个点紧追不放，孤注一掷，希望通过这一核心理由达到其代理目的，即便这一观点的风险比较大。而法官裁判须经过审判流程，在充分听取各方当事人陈述的基础上作出，因此更具全局性。

举例来说，某民间借贷一审案件中，如果被告有足够证据证明债权的诉讼时效已经经过，那么，作为被告的代理律师，只要抓住这一个问题，完成举证证明责任，即可起到"驳回原告诉讼请求"的完胜结果。

3. 律师思维过程与结果并重，法官思维更重结果

律师帮助当事人选择诉讼策略，用诉求和证据来推进诉讼，确定诉讼请求，发现证据，说明证据，解释法律。法官无须做太多准备工作，因为其裁判受到当事人诉辩理由的限制，故只需要根据当事人的主张，合理地适用法律，准确地认定案件事实，被动裁判。

举例来说，某与公司有关的纠纷案件中，原告的诉讼请求是股东会决议无效，虽然原告的代理人明知道这个诉讼请求不会被支持，为什么还要这么诉呢？甚至可能在法官眼中，这根本就是浪费司法资源的选择，但对律师而言，有可能是律师在为公司谋全局时的一个策略，通过诉讼争取时间，或帮助客户增加谈判筹码等。可见，法官和律师，调换一下位置，谁是谁的"局中人"，亦未可知。

如图 19 所示，如果我们把律师视角切换到法官思维模型点 T 的位置，那么点 S、点 S_1，都是律师拟通过诉讼要达成的诉讼目标，亦或者是诉讼策略中的连环扣，至于能否达成，律师可能还要设计不同的方案，并根据法官裁判支持的程度，作出相应调整。此时，法官仅是律师实现委托人意志的手段。

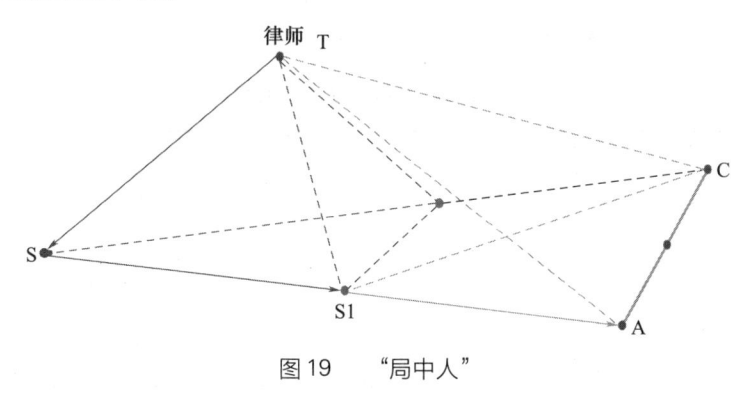

图 19 "局中人"

4. 律师思维的创新性与法官裁判的普适性

法律这种抽象的规则体系，其逻辑特点要求法律面前人人平等，同样情形同样处理，不同情形不同处理。所以，法律适用的普遍性是法治精神的应有含义，也有利于维护判决的一致性和权威性。对法官而言，在信息时代，社会舆论扩散和发酵的速度、广度、深度常常难以想象，法官不得不在考虑法律因素之外，去考虑信访的问题，败诉方的问题，社会影响力的问题，上级法院考量的问题，等等。所以，理智的后果实用主义告诉法官不仅要考虑手头案件的后果，还要考虑社会后果。

律师则不同，律师在工作中先于法官接触到不同的新型案件，在与法官面对相同的法律漏洞时，律师有更大的发声空间，可以更直接地提出自己的见解，这正是律师优于法官的地方。

（三）法官思维与律师思维差异性汇总

归根结底，导致法官与律师思维差异的根本原因是各自立场和思维模式不同。法官居中裁判，关注点是各方当事人，追求结果的大体公平。而律师的立场是基于当事人授权，关注点在客户价值和利益的最大化。所以作为律师，不仅要善于思考和转化当事人的诉求和想法，更要善于理解和体会法官的思维。往往，作为法官与当事人之间的桥梁，律师需要更有弹性的思维，起到二者之间润滑剂、安抚剂的作用。

表1　法官思维与律师思维的差异

法官	律师
逆向裁判思维	以当事人的利益为出发点
裁决的严肃性	代理的"夸张性"
裁判的整体性	思维的"片断化"
更重结果	过程与结果并重
裁判的普适性	思维的创新性

五、用户视角对法官思维和律师思维的不同影响

所谓用户视角，就是要站在用户的立场，而不是自己的立场去思考问题，要想让别人接受你，你就得把对方的利益放在首位，其次再考虑自己。作为律师，如果不能把当事人的利益放在首位，将很难把当事人变成委托人。因此，律师是一个极度需要用户思维和用户视角的职业。作为职业共同体的法官，依法审理，依规裁判，是否也有用户思维的困扰呢？

我们不妨寻找一下律师和法官的用户，然后分析用户视角对于这两种角色在进行决策时的影响。

（一）律师的用户视角

自我离职后，才真正理解律师最关心的是什么。

承揽案件，是律师赖以生存的基础。因此，对律师来说，案源为大。可见，律师最关心的无外乎两点：律师费和案件结果。又因为，律师费向当事人收取，案件结果向法官争取。这也就不难理解，律师的两大用户即当事人和法官。

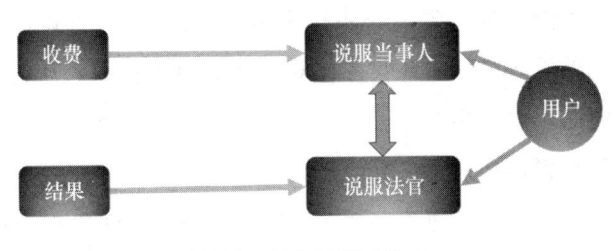

图 20　律师的用户视角

1. 律师的当事人视角

我们来看一个真实的案例吧！

某客户来访，案由：房屋买卖合同纠纷，历经四年，六次诉讼，涉及三方当事人，三份生效判决，其中两份已过申请再审期限。

客户目的：对最新的生效判决申请再审。

由于在法院处理最多的就是申请再审案件，当时我自认为，"拿下"客户应该不成问题。可结果是，案子谈得太"法官"，丧失了"律师"立场，更缺失了"当事人"视角。客户离开后，我陷入了深刻的反思。

（1）客户想听什么

律师，是法律服务的提供者，向当事人交付法律服务产品或法律服务本身。从法官到律师，过渡中也很纠结，想成交的同时，又担心拿不出满意的"答卷"，可有时真话一出，当事人要么认为你不懂，要么认为你没信心。

站在法官的角度，中立是核心要义，就案子论案子。但站在律师的角度，如果拿到案子，很可能就是一次失败的咨询服务。

这次"滑铁卢"事件，案件本身并不复杂，只是从法官角度看，申请再审并无希望，无法起到救济效果，而且，三个生效案件锁定的既判力和

"法官"眼中的既定事实，已经决定了申请再审被驳回的结果。因此，我非常认真地在白板上梳理了整个案情，希望通过全局视野告知当事人，继续申请再审无法实现她的诉求、保护她的利益。

然而结果是：当事人完全不买账。她认为自己比"窦娥"还冤，责怪地问我，你这个做律师的怎么不主持公道？！后来我只好说，要不您去找别的律师，如果尝试之后验证我说得对，还愿意相信我，您再回来。就这样，我将上门的客户"拒之门外"。

于是，我在想客户到底想听什么？

恍然大悟，其实就是两个字——"懂得"。懂她的情绪，懂她的委屈，懂她的需求。而在这个案子中，我没能很好地体会她的深层诉求，她想要的认同感被我忽略。或许是因为我对结果的过于笃定，导致我太怕"输"？又或者是因为我的不被认同感作祟，我的"法官权威"不容置疑。总之，在从法官过渡成为一名律师的路上，我在走着必不可少的弯路。

无独有偶，类似事件再次发生，结果却不同。

这次的客户本身较为理性，给我一份一审判决，我又一不小心从法官的角度批判性地告知客户——不要上诉，没有希望。但这次却意外地跟她达成了共识，她认同我站在她的角度分析案件走向，反而增加了对我的信任，但这个前提是客户本身对案件有较为理性和正确的认知。事后我们又进行了深入的沟通，了解到客户深层次的需求后，我立即对案件进行重新审视和梳理，找寻突破口，虽然上诉后仍然大概率维持原判，但客户预期找到了出口和路径。

可见，同样是审判视角，客户不同，结果也不同。因此，客户也是分段位的。

（2）如何管理客户预期

客户需求千千万，但有一点可以肯定，那就是——不想被打击。因此，挖掘底层需求，切实管理客户预期，才能确保法律服务产品的有效输出。

每次分享《法官思维模型》课程的时候，我都会跟律师同行们谈及对

"赢"的态度，希望律师可以帮助当事人认识到"胜诉"不是唯一的出路。因此，管理客户预期，并不是盲目地给予希望。

从法官思维出发，是否被当事人信任，并不是法官需要重点考量的，因为法官更关注案件本身，裁判结果是一切的基石。而从律师思维出发，过程和结果同样重要，当事人和案件必须并重，毕竟，身份不同，立场不同。因此，对律师来说，最不易的或许就是对客户预期的管理。

上次事件，让我陷入了法官思维中，将重点完全放在案件上，使劲将案件可能的结果，或者说我坚信的结果，输入当事人的脑子里，却忘记了客户想要的体验。也许她只是需要一个替她出头的律师，与她"肝胆相照"罢了。

可见，律师的当事人视角更需要律师的同理心和共情能力。

从法官到律师，最大的"拧巴"在于，总认为自己看到了裁判的结果，如果对当事人不利，就应该"仗义执言"，立即告诉当事人"悬崖勒马"，及时止损，避免头破血流。可未经验证，当事人凭什么信你？

曾经办理的合同撤销案件，从法官的角度看，一定败诉；从律师的角度看，当事人也有一定道理。立案后，因为担心败诉结果当事人不愿面对，我便急于管理她的预期，结果她认为我没信心，中途更换了律师。一审后，她选择继续委托我。而我也在吸取教训之后，在风险告知的同时，给出了行之有效的解决方案，希望提供更为满意的法律服务。其实，客户的满意，有时还真与输赢无关。

如图21所示，作为法官思维模型的变体，我们从律师视角出发来看，律师需要全程管理客户预期，如图中点B所示，这是一个动态调整的过程，是对当事人和案件走势的双向管理。

没有同理心，当事人找不到认同感；只有同理心，不提供解决方案，亦无法建立长期的信任关系。

可是，如果讲真话当事人会跑，那还要不要讲真话？当然要！不过得有点技巧。这技巧就是对当事人预期管理的拿捏。总之，套路千千万，靠谱第一条。承担责任与适度提示之间的平衡，有点玄妙。

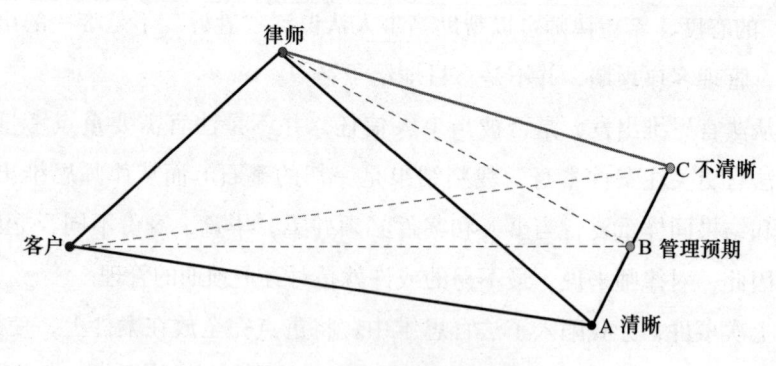

图21　律师管理客户预期

2. 律师的法官视角

我始终认为，律师应当成为法官的助手。因此，律师最大的客户应该是法官，因为律师需要说服的是法官，而不是对方当事人或对方律师。然而，或许只有从事过法官职业的律师，才能真正拥有法官视角，更透彻地理解法官的裁判思路，洞悉法官欲言又止背后的隐忧，领会法官"本院认为"里看似笼统的说理，亦或者还有情怀、还有温度、还有无奈……于律师而言，往往猜测法官如何裁判，如果实在没有想到那个点上，律师便很自然地认为是不是法官背后还有其他缘由。其实，与其猜测，不如尝试去理解。

关于"死者为大"，想起曾经办过的一个股权转让纠纷的一审案件。原告是一位失去儿子的母亲，一位失去丈夫的妻子，和一双失去父亲的儿女。四原告共同起诉被告，系因死者将其股权转让给被告，并办理了工商变更登记，但被告并未按约履行支付股权转让款的义务。拿到案件后，不可否认，我对原告有很重的同情心，一双儿女四五岁，遗孀三十多岁，在失去亲人的情况下，还要面临生活的窘境，想必是不容易的吧！这个出发点算不算"善良风俗""死者为大"？不好说，但这里一定有法官的人性。

法官思维模型的底面是事实和法律，本案中，根据案由可以选择法律适用，问题是待证事实如何证明。死者已逝，只能通过有限的证据和被告的一家之言予以确认。当然，最终的裁判未必保证必然正确，毕竟案件事实真伪不明是法官裁判中面对的常态。

但作为法官，首先应当坚持形式主义思维的基础，继而才能发挥现实主义思维的力量。

法官是人，有感情，也有认知局限，更有其坚守的立场。如何裁量更合理，貌似是一种选择，其实往往是人性。任何裁判，都是法官在其认知基础之上，适当运用和发挥现实主义思维所得出的。

法官不易，彼此尊重，司法方能和谐。

综上所述，建立信任是一个长期的过程。律师需要有当事人思维，理解当事人的需要，获得当事人的信任，同时，也需要有法官思维，预判法官的裁判路径，管理好当事人的预期。二者相辅相成，才能保证律师的职业生涯走得相对平顺。

（二）法官的用户视角

如果说判断律师的用户视角，我们是通过谁给钱，谁对结果有影响来判断，那么法官的用户视角，就要看谁有权对裁判结果质疑，并对结果作出调整和改变，自然是当事人和上级法院了。当事人有启动程序救济的权利，但当事人不能从本质上决定案件走向，改变案件结果。因此，作为法官，做到案结事了的同时，除了考虑结案率，还要防范改判率、错案率，而这些都会直接影响法官对案件的考量。

1. 一审法官的用户视角

2021年9月17日，最高人民法院为适应新时代经济社会发展和民事诉讼需要，准确适用民事诉讼法关于中级人民法院管辖第一审民事案件的规定，合理定位四级法院民事审判职能，下发《最高人民法院关于调整中级人民法院管辖第一审民事案件标准的通知》（以下简称《通知》），自2021年10月1日起实施。

与此同时，以下几个现象备受社会关注。

（1）法官离职

如果基层法院法官不增加，这或许是无法回避的问题。

法官离职早就不是新鲜的话题，虽然离职的人越来越多，但相较于留下来的法官，离职法官仍属少数派。在体制内，只要工作较稳定，生活有保障，事业有期待，理想能落地，依然会有人愿意发光发热。

（2）案件延期

案件量太大了！案件处理的趋势是：能调解的尽量调解，容易判决的尽快裁判，实在复杂疑难的案件延期审理，也很正常。

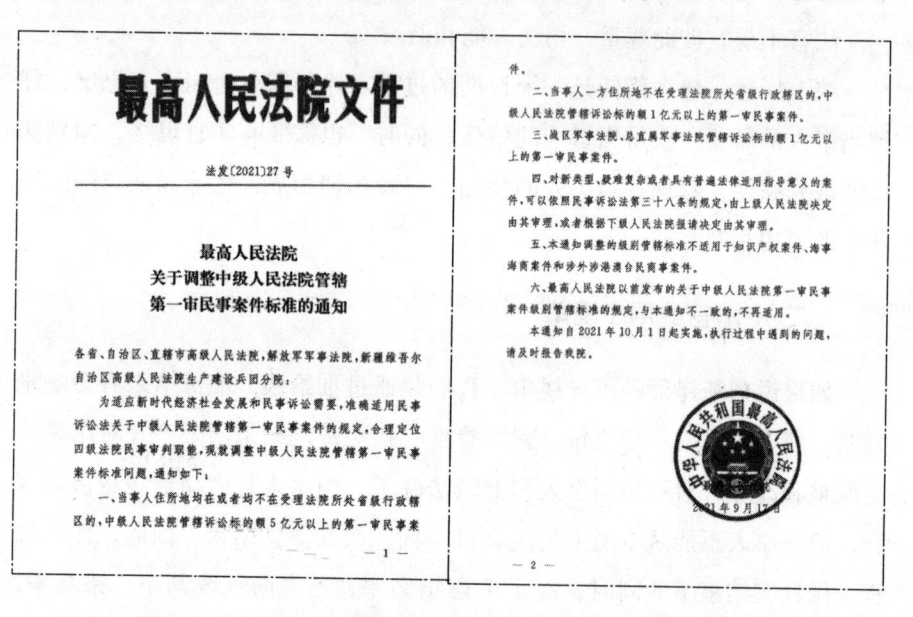

图22　最高人民法院关于调整中级人民法院管辖第一审民事案件标准的通知

（3）流水作业

可以想见，基层法院每个案件的开庭排得紧锣密鼓，演变为专家问诊模式。而这种模式势必导致法官无法精益求精，深究每个案件。

因此，法官需要"短、平、快"。

案件太多，工作太累，终身负责，很多人便动了离职的念头，可想归想，终究需要权衡利弊。流水作业带来的结果是工作量上去了，案件质量下滑了，如此往复，有的法官心态自然不会太好，没有那么多耐心听你娓娓道来。因此，律师在跟法官说的每句话都得在点上，大家时间都宝贵。法官期待律师直击要害，或者至少能听懂法官的意思，协助法官做到

"短、平、快",实现案件如期审结。这就是一审法官面对当事人时最直接的心态。而在此种大趋势下,律师必须致力于成为法官的助手。

2. 二审法官的用户视角

无论哪个级别的法官,当事人视角都是相通的,希望给当事人公正的裁判,此处不再赘述。

我们通过一个案例,聊聊二审法官相对自由的发挥空间。

(1)基本案情

2013年10月,袁某明、容某霞、张某波拟将三人共同经营的宝鸡市旭盛房地产开发有限公司(以下简称旭盛地产)转让给王某、白某娥。2013年10月10日双方在《宝鸡日报》刊登公告,2013年11月10日前旭盛地产对债权债务进行登记,2013年10月24日至26日双方履行了股权转让手续,2013年11月4日办理了工商备案登记。

2013年11月12日,袁某明代表容某霞、张某波,王某代表白某娥,签订了《转让协议》,约定袁某明、容某霞、张某波有偿将旭盛地产及公司资产转让给王某、白某娥,总价款1800万元。袁某明、王某在《转让协议》上签字。2013年12月16日,袁某明、容某霞、张某波移交旭盛地产财务印章一枚及财务资料,2013年12月26日,三人移交旭盛地产公章一枚及合同专用章一枚。

2016年9月8日,袁某明作为甲方,王某作为乙方,旭盛地产作为丙方,签订了《协议书》,约定如下:

"一、除乙方已付款项外,经协商确认乙方向甲方再支付人民币360万元双方债权债务完全结清;

二、关于360万元的付款期限及付款方式;

三、乙方于本协议签订之日起三日内一次性支付甲方65万元,对甲方在蟠龙信用社的所有借款本息均不再负责。

甲乙双方之前就此事项达成的协议就此解除。"

《协议书》签订后,王某于2016年9月10日向案外人李某辉账户转账65万元,袁某明出具收款收据。2016年12月30日,王某向袁某新(袁某明认可）账户转款60万元。2017年5月31日，王某向袁某明认可的袁某新账户转款100万元。

事后，袁某明称《协议书》不是其本人真实意思表示，容某霞、张某波称对《协议书》并不知情，故诉至法院：1.请求依法判决王某、白某娥向袁某明、容某霞、张某波支付股权转让款9203865.60元，支付约定延期利息7102557.86元（利息计算至2017年6月30日）；判令王某、白某娥支付9803865.60元利息按约定每月按2%至付清为止；2.王某、白某娥承担连带付款责任。

（2）一审判决

原被告于2016年9月8日签订的《协议书》系双方真实意思表示，不违反法律规定，应属有效合同。双方当事人均应按照协议约定履行各自义务。原告以被告未按照约定支付相应全额款项为由要求解除《协议书》，根据本案已查明的事实，被告王某于2016年9月10日向原告袁某明认可的李某辉账户转账65万元，并未违约。至于原告袁某明是否全额收到李某辉付款与本案无关，且此后原告未主张追究被告违约责任，也未行使合同解除权，而是选择继续履行合同，故其行为也表明已放弃了合同解除权和追究违约责任的权利。综合全案来看，被告已经履行了相关协助义务，原告主张解除合同于法无据。综上，原告诉请解除合同，并主张支付股权转让款及利息，缺乏事实依据和法律依据，对此本院不予支持。被告辩称已按约定履行付款义务，符合本案客观实际，对此本院予以采信。依照《中华人民共和国合同法》第九十四条之规定，判决如下：驳回原告袁某明、张某波、容某霞的诉讼请求。案件受理费119639元，由原告袁某明、张某波、容某霞承担。

（3）二审法官的思考

问题1：若维持一审判决，合同的实际履行情况是怎样的？

一审驳回了上诉人的全部诉讼请求，如果被上诉人不再履行支付合同价款的义务，那么合同的最终履行情况将是：上诉人将公司全部资产及公章移交给被上诉人，被上诉人履行的全部支付义务由1800万元变为765

万元。

在上诉人已经履行全部合同义务的情况下，被上诉人的支付义务缩水一半以上。

问题2：上诉人的上诉理由是什么？

上诉人在本案中所持的观点是：《协议书》是在存在欺诈胁迫的情况下签订，应当认定为无效，至少也是可撤销；即便认定为有效，也因被上诉人未按时履行支付义务已经解除。

如果沿着上诉人的观点审理案件，第一，欺诈胁迫的证明责任在上诉人，没有足够证据，法官通常不会依此认定合同可撤销；第二，上诉人称被上诉人未按时支付对价，故合同已经解除。经查，被上诉人向案外人转入65万元，上诉人当日出具了收款收据，且案外人是本案协议书签订的见证人，即被上诉人支付了相应对价。

上诉人的理由并不成立，但如果全部驳回，法律后果如何，即回到第一个问题。

问题3：发回重审还是二审改判？

一审判决简单草率，甚至处理了当事人未诉请的内容。发回有可能增加当事人诉累，浪费司法资源，遂决定改判。改判的突破口在于《协议书》的性质。既然协议无效或可撤销的路径不通，那么在确认有效的前提下，《协议书》是否是对《转让协议》的变更，又是否已经解除了？

（4）本案三个焦点问题

其一，2016年9月8日《协议书》的性质；

其二，王某、白某娥是否还应支付袁某明、容某霞、张某波的转让款，具体数额是多少；

其三，王某、白某娥在合同履行过程中是否存在违约。

2013年11月12日，袁某明、容某霞、张某波作为甲方，王某、白某娥作为乙方，签订了《转让协议》，协议约定：甲方以股权转让的方式将名下公司（旭盛地产）及公司资产有偿转让给乙方，转让总价1800万元，其中包括宝鸡市金台信用联社借款，截至2013年10月31日本息合计

6578369.81元，包干价650万元整由乙方偿还，此后产生的利息由乙方承担。

协议约定除650万元外其他1150万元的支付方式为：

第一笔：2013年11月20日前付款200万元；

第二笔：2014年6月30日前付款400万元；

第三笔：2014年10月30日前付款300万元；

第四笔：2014年12月30日前付款250万元。

关于第一个焦点问题。2016年9月8日《协议书》具体内容见案件基本事实。对《协议书》性质的认定，应当基于以下考虑：《协议书》的签订方是袁某明、王某和旭盛地产，没有公司其他股东签名，故《协议书》的效力是否及于其他股东，是否可以认定是对《转让协议》全部内容的变更，要看是否有其他股东的授权，以及其他股东是否明知。

第一，《协议书》约定的转让价款不符合张某波、容某霞对袁某明的授权。《股东会决议》明确三人转让全部股权应在1700—2000万元之间。经过计算，如果认为《协议书》是对《转让协议》的整体变更，那么股权转让价款将由1150万元变更为700万元，借款的包干价将由650万元变更为65万元。即合同的全部出让价款由1800万元变更为765万元，与张某波、容某霞给袁某明授权的转让范围严重相悖，且《协议书》没有张某波、容某霞的签名，张某波、容某霞亦不认可授权袁某明变更其所持股权的对价。故《协议书》不能认定系张某波、容某霞的真实意思表示。

第二，张某波、容某霞在本案审理中明确表示对袁某明签订《协议书》不知情。股权系股东个人财产，袁某明超出其代理权限处分公司其他股东的股权，在未授权的情况下变更其他股东的股权转让价款，损害了张某波、容某霞的股东利益。故《协议书》的效力不能及于张某波、容某霞。

综上，《协议书》效力不能及于张某波、容某霞，不能以此认定是对《转让协议》的变更，且袁某明不能证明该协议书的签订存在违背其真实意愿之情形，故认定《协议书》系袁某明的个人行为，对《转让协议》中涉及其个人的部分予以变更。且在审理中，查明王某、白某娥对袁某明、张某波、容某霞的《股东会决议》授权转让款的范围系明知。综合认定《协议书》仅能约束合同当事人——袁某明、王某及旭盛地产。

关于第二个焦点问题。按照《转让协议》的约定，1800万元中包含了650万元借款包干价和1150万元转让款。依据袁某明、张某波、容某霞在原公司的股权比例划分，王某、白某娥支付的转让价对应为：袁某明795.8万元，容某霞353.9万元，张某波0.3万元。截至2016年9月8日《协议书》签订前，王某、白某娥共支付袁某明、张某波、容某霞人民币340万元，按照袁某明三人的股权比例划分为：袁某明235.28万元，容某霞104.62万元，张某波0.1万元，即截至2016年9月8日，王某、白某娥尚欠袁某明560.52万元，容某霞249.28万元，张某波0.2万元。因此，王某、白某娥应向容某霞支付249.28万元，向张某波支付0.2万元。而王某应向袁某明支付360万元，不再是560.52万元。

另外，关于借款包干价变更的问题。借款明细为：旭盛地产借款剩余本金185万元，截至2013年10月31日利息1316134.4元，合计3166134.4元；袁某明个人借款剩余本金（三笔）累计179万元，利息共计1622235.41元。主体为旭盛地产的借款部分，被上诉人应当按照《转让协议》继续履行。主体为袁某明个人的借款部分，根据《协议书》的履行情况认定（经查已经履行完毕）。

关于第三个焦点问题。按照《转让协议》的约定，王某、白某娥本应于2014年12月30日前分四次付清1150万元转让款，截至2014年12月30日前，王某实际支付人民币230万元，确系违约。但鉴于王某一直在履行付款义务，且2016年9月8日袁某明与王某签订《协议书》时，对于王某迟延履行支付义务未予追究，加之袁某明变更了协议约定，变更了支付期限和支付方式，造成合同履行的拖延。因此该违约系因袁某明个人原因所致，本着公平原则，王某与白某娥不承担违约责任。

该案的改判是以法官后果实用主义为出发点进行考量，被上诉人没有申请再审，因为判决结果实现了大体公正，没有对违约金进行判决，是基于结果公平正义的准则。如果在审理该案的过程中，没有对理工科思维的运用，维持了一审判决，究竟能否实现案结事了，各方当事人的利益又能否实现平衡，或许是个未知数。

前面我们说一审法官怕出错，力争裁判"正确"，那么二审法官相对于一审法官来说，似乎在裁量中能稍微轻松一些，毕竟"两审终审"，所以对二审法官来说只要确保裁判"不错"即可。

3. 申请再审法官的用户视角

申请再审法官对案件处理需要格外审慎，不能像一审法官那样就案件处理案件，也不能像二审法官那样有着相对自由的空间，可以将自己对案件的认识和价值观比较潇洒地融入判决，因为，申请再审毕竟是特殊救济渠道。若是驳回再审申请，法官没必要在裁定书中洋洋洒洒体现自己的文笔；如若是指令再审，法官也不可能将裁定书写成判决书，囿于上级法院对下级法院是监督关系，仅需要将指令再审的原因说明即可；但若是提起再审，此时的申请再审法官的用户视角同二审法官，因为其承担了作出生效判决的责任。

我们通过一个启动再审的案件，来感受一下法官的思考吧。

案号：（2016）陕07民终320号，（2016）陕民申1222号民事裁定书启动再审，如下，是启动再审时法官的裁判思路。

（1）基本案情

2003年3月6日，王某全与昌海公司签订《商品房买卖合同》，购买由昌海公司开发的东湖小区第3幢第1层第21号商业用房，房屋建筑面积49.77平方米，在订立合同时，涉案商品房尚未修建，且昌海公司未取得商品房预售许可证。

王某全起诉至一审法院，请求判令：1. 昌海公司及时交付王某全购买的汉中市汉台区南团结街中段东湖小区第3幢第1层第21号建筑面积49.77平方米的商业用房，或由昌海公司返还王某全购房款32196元并赔偿王某全损失778746元；2. 昌海公司按银行一年定期存款利率，支付王某全所交购房款32196元自2004年6月1日至交付房屋之日止的利息；

3. 昌海公司按王某全已交购房款 32196 元日万分之五的比率，支付王某全自 2005 年 4 月 1 日起至房屋交付之日止的违约金。

昌海公司提起反诉，请求解除双方于 2003 年 3 月 6 日签订的商品房买卖合同。

（2）一审判决

依据《最高人民法院关于审理商品房买卖合同纠纷案件适用法律若干问题的解释》第二条之规定："出卖人未取得商品房预售许可证明，与买受人订立的商品房预售合同，应当认定无效，但是在起诉前取得商品房预售许可证明的，可以认定有效。"经查，合同签订后，昌海公司于 2003 年 4 月 30 日取得预售许可证。故案涉合同系当事人真实意思表示，内容不违反法律、行政法规的强制性规定，应当认定为合法有效。

由于昌海公司在未取得商品房预售许可证的情况下，与王某全签订商品房买卖合同预售房屋，显然违反国家法律规定，昌海公司之后虽补办了商品房预售许可证，但其事前签订合同、预售房屋的行为具有一定过错。且由于昌海公司与案外第三人（南团结街改造工程指挥部）签订的土地转让合同履行出现问题，也即由于拆迁拖延、未到位的原因，导致昌海公司 2010 年 10 月才实际取得土地，且取得的土地小于土地转让合同约定面积，致使设计图纸变更、本案涉案标的物未能修建，从而使得昌海公司未能在合同约定的期限 2004 年 5 月 30 日前向王某全交付房屋，亦未在双方补充协议约定推迟交房的 2005 年 3 月 31 日内交房，最终导致昌海公司至今未能交房，且已无法交房。而昌海公司未能在情况变化后及时变更、解除合同或解决纠纷，导致涉案商品房买卖合同长时间、客观上不能履行、合同目的无法实现。因此，对王某全要求昌海公司交付购买的商业用房的请求无法予以支持，对昌海公司要求解除该商品房买卖合同之请求，依法予以支持。并且该第三人的原因并非不能预见、不能避免的不可抗力，昌海公司应该能够预见，因此导致昌海公司的违约，昌海公司应当承担相应的违约责任。依照《中华人民共和国合同法》第九十四条第四项、第九十七条、第一百零七条、第一百一十三条第一款、第一百一十四条第一款及第三款、第一百二十一条,《中华人民共和国城市房地产管理法》第四十五条,《最高人民法院关于审理商品房买卖合同纠纷案件适用法律若干问题的解释》第二条之规定,判决如下:"一、王某全与陕西昌海实业有限公司2003年3月6日签订的商品房买卖合同解除;二、陕西昌海实业有限公司退还王某全交纳的购房首付款32196元;三、陕西昌海实业有限公司赔偿王某全损失(已交首付款的预期利益)112469.91元;四、陕西昌海实业有限公司按同期银行一年定期存款利率,支付王某全逾期违约的32196元自2004年6月1日至2005年3月31日的利息,并支付王某全32196元从2005年4月1日至本判决生效之日万分之五的违约金;五、驳回王某全及陕西昌海实业有限公司其他诉讼请求。"

(3) 二审判决

本案所诉争的房产因土地问题未能修建,进而发生了合同无法实际履行的情况,使得合同赖以成立的环境或基础发生重大变化,客观上昌海公司无法向王某全交付所购房屋。因此,继续履行合同对于一方当事人明显不公平或者不能实现合同目的,应该根据公平原则解除双方签订的合同。由于双方签订的合同是合法有效的,在合同签订后,王某全向昌海公司支付的购房首付款32196元在合同解除后,昌海公司应当退还给王某全。因此,一审判决第一、二项二审法院予以维持。对于双方当事人均提出的王某全房屋损失问题,二审法院认为汉中正平房地产评估有限责任公司所做的评估价357000.21元为2013年时该房产的市场价格,而王某全在2003年与昌海公司签订合同时约定的房屋总价款为102196元,那么对于房屋的增值部分应当是评估价格减去房屋总价款,即254804.21元。昌海公司在合同无法履行的情况下,没有及时按照合同约定告知王某全解除合同,应当承担违约责任,王某全要求昌海公司支付逾期违约的利息,实际上是一种利息损失的请求赔偿,它属于债权法上损害赔偿金判断范畴,应适用债权上请求权关于损害赔偿的相关法律规定。而王某全又主张了违约金的赔偿,违约金的基本性质属于"约定的损害赔偿金",是以补偿性为主的,故其与损害赔偿金在性质及功能上是相当的,所以违约金与利息损失在性质和功能上是相同的，两者不能并存。故一审判决对于利息和违约金的判决不当，二审法院予以改判。综上，依据《中华人民共和国民事诉讼法》第一百七十条第一款第（二）项之规定，判决如下："一、维持汉中市汉台区人民法院（2014）汉台民初字第00308号民事判决第一、二、五项；二、撤销汉中市汉台区人民法院（2014）汉台民初字第00308号民事判决第三、四项；三、上诉人陕西昌海实业有限公司赔偿上诉人王某全损失254804.21元；四、上诉人陕西昌海实业有限公司按同期银行一年定期存款利率，支付上诉人王某全逾期违约的32196元自2004年6月1日至2005年3月31日的利息。"

（4）申请再审情况

昌海公司向高级人民法院申请再审，请求对二审法院判决的赔偿数额予以改判。

根据申请人的再审申请和被申请人的答辩意见，本案争议的焦点问题是：

① 二审法院适用"情势变更"原则解除合同是否适当；

② 二审法院将王某全基于合同正常履行获得的可得利益作为其损失是否适当；

③ 合同解除后昌海公司应当向王某全赔偿损失的数额。

（5）启动再审的考量

其一，关于二审法院适用"情势变更"原则解除合同是否适当的问题。

二审法院解除了昌海公司与王某全签订的商品房买卖合同，该条文是关于"情势变更"原则的规定，2009年4月27日，最高人民法院发布的《关于正确适用〈中华人民共和国合同法〉若干问题的解释（二）服务党和国家工作大局的通知》（以下简称《通知》）对这一原则的适用作出了严格的限制，《通知》中要求："对于上述解释条文，各级人民法院务必正确理解、慎重适用。如果根据案件的特殊情况，确需在个案中适用的，应当由高级人民法院审核。必要时应报请最高人民法院审核。"适用情势变更原则并非简单地豁免债务人的义务而使债权人承受不利后果，而是要充分注意利益均衡，公平合理地调整双方利益关系。

本案中，昌海公司与案外第三人（南团结街改造工程指挥部）签订的土地转让合同由于拆迁拖延，昌海公司于2010年10月才实际取得土地，且小于土地转让合同约定的面积，致使昌海公司变更设计图纸，案涉房屋无法修建，不能履行合同义务，合同目的无法实现。

该第三人的原因并不属于《最高人民法院关于适用〈中华人民共和国合同法〉若干问题的解释（二）》（现已失效）第二十六条所述"无法预见的、非不可抗力造成的不属于商业风险的重大变化"之情形，故二审法院判决解除合同适用法律不当。

原《中华人民共和国合同法》第九十四条中规定："有下列情形之一的，当事人可以解除合同：……（四）当事人一方迟延履行债务或者有其他违约行为致使不能实现合同目的"，在本案一审期间，昌海公司因合同目的不能实现，提起反诉请求解除合同，原《中华人民共和国合同法》第九十六条第一款规定："当事人一方依照本法第九十三条第二款、第九十四条的规定主张解除合同的，应当通知对方。合同自通知到达对方时解除。对方有异议的，可以请求人民法院或者仲裁机构确认解除合同的效力。"

综合前述规定，二审法院判决解除王某全与昌海公司2003年3月6日签订的商品房买卖合同并无不当。

其二，关于二审法院将王某全基于合同正常履行获得的可得利益作为其损失是否适当的问题。

二审法院以汉中正平房地产评估有限责任公司所做的评估价357000.21元作为2013年王某全起诉时该房产的市场价格，减去王某全在2003年与昌海公司签订合同时约定的房屋总价款102196元，即254804.21元可得利益，作为昌海公司应当向王某全赔偿损失的数额。原《中华人民共和国合同法》第一百一十三条第一款中明确规定了可得利益损失赔偿的范围："当事人一方不履行合同义务或者履行合同义务不符合约定，给对方造成损失的，损失赔偿额应当相当于因违约所造成的损失，包括合同履行后可以获得的利益……"

从法律上看，合同的解除不应超出合同解除效力所能达到的范围，由于合同解除的效力是使合同恢复到订立前的状态，而可得利益只有在合同完全履行时才有可能产生。

首先，可得利益是指合同在适当履行以后可以实现和取得的财产利益，具有未来性、期待性和现实性。本案中，昌海公司由于第三人的原因无法如期向王某全履行交房义务，作为违约方，应当向王某全承担赔偿责任。但该合同已经依法解除，如果由昌海公司向王某全赔偿可得利益，相当于使违约方实际充当了非违约方的保险人，显然是不公平的。因为可得利益损失的赔偿旨在弥补受害人遭受的全部实际损失，而并不赔偿其因从事一桩不成功的交易所蒙受的损失。如果不成功的交易所带来的损失全部由违约方承担，则是将全部风险转嫁给违约方，有失公平。

其次，王某全与昌海公司签订的商品房买卖合同第六条（付款方式及期限）第三款约定：首付叁万贰仟壹佰玖拾陆元整，其余款作银行贷款。买受人王某全出生于1933年12月24日，合同签订时已超过60周岁，不符合银行个人住房按揭贷款的相关规定。故根据合同约定，即便房屋存在，也无法通过抵押贷款取得，故可得利益不具备履行基础。

综上，本案的赔偿范围不应包括可得利益损失。二审法院以合同实际履行的可得利益作为昌海公司向王某全赔偿的损失显属不当。

其三，关于合同解除后昌海公司应当向王某全赔偿损失数额的计算问题。

我国原《中华人民共和国合同法》第九十七条规定："合同解除后，尚未履行的，终止履行；已经履行的，根据履行情况和合同性质，当事人可以要求恢复原状、采取其他补救措施，并有权要求赔偿损失。"2003年3月11日，王某全向昌海公司支付首付款32196元，合同解除后，应当恢复原状，返还首付款。二审法院判决昌海公司向王某全返还首付款32196元并无不当。

2004年5月13日，昌海公司与王某全签署《合同补充协议》："由于拆迁方面的原因致使出卖人不能按合同约定的期限向买受人交付已购房屋。一、出卖人向买受人交付房屋的时间推迟到2005年3月31日；二、推迟交房后，从2004年6月1日起，出卖人按买受人实际已交购房款的数额依银行一年期定期存款的利率支付利息；三、出卖人向买受人交付房屋的时间若迟于2005年3月31日，从4月1日起，按原合同第九条执行。"根据双方补充协议第一条、第二条之约定，昌海公司逾期交房应向王某全支付以32196元为基础，以银行一年期定期存款利率为利息，即自2004年6月1日起至2005年3月31日止的利息。

关于赔偿损失数额的认定。原一、二审法院损失计算方式欠妥，该损失应以违约金与赔偿损失总额在预期可得利益范围内为原则，结合王某全的损失及已支持的违约金数额、王某全当初购买房屋已支付的价款、有可能要支出的其他成本、昌海公司违约的原因等综合因素。将违约金之外王某全预期可得利益损失调整为：

32196元（首付款）÷102196元（总房价）×（357000.21元－102196元）＝80273.95元。

2017年11月10日，（2017）陕07民再5号判决书对该案予以改判。

综上，如果我们对不同审级的法院作一个整体比较，可以总结为：

一审法院在作出判决时，致力于——正确；

二审法院在作出判决或改判时，致力于——不错；

再审法院更多则是基于是否确有必要启动再审，以维系司法既判力和司法权威为优。

六、 法官思维模型总结

通过前面的讲述，我们对法官思维模型（模型见图12）已经有了较为全面的认识，对于在本章最开始提出的七个问题，我们不妨一起梳理一下答案。

（一）直观可视又不缺乏思维弹性

法官思维模型源自理工科思维，是一个三角锥体的几何图形，在三角锥体上，点、线、面、体，都被赋予了不同含义，脉络清晰，方向明确。

对事实清楚、证据充分、法律适用没有争议的案件来说，法官思维模型可以压缩为一个面 SAC，有了价值观、经验、直觉等现实主义思维的加入，法官思维模型才能由二维上升至三维，成就不同的点 T_i 视角。不仅如此，如果裁判结果是在线段 AC 上的某个点，那么不同的点 B_i 也会给予律师管理客户预期和报价区间的弹性选择。如图23所示。

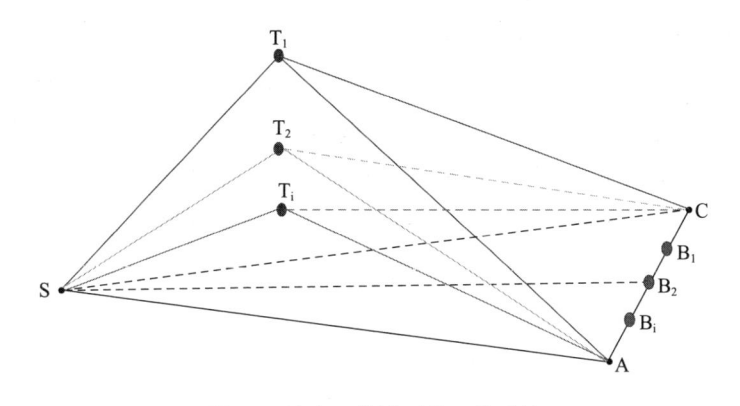

图23　法官思维模型的思维弹性

可见，法官思维模型的思维弹性，既表现为法官对裁判深思熟虑的程度，也表现为律师与客户之间建立信任的空间。

（二）提供路径选择又具有容错性

法官思维模型的建立是从律师视角开始，因此，首先建构了律师诉讼时的策略路径，接着延伸出法官视角，进而总结出法官办案时的裁判路径。目的在于帮助律师通过法官思维模型方法论，尽可能找到一条接近法官裁判思路的诉讼路径。然而，路径的选择无法保证一开始就是对的，无论律师还是法官，在整个诉讼过程中，都需要不断对可能发生偏离的环节进行反复修正。就好像法官从"前见"到庭审中的摇摆，再到庭审后的反复斟酌,这个过程中,选择不同的路径有可能通往不同的结果。但最终,在律师诉讼的基础之上,法官经过不断的校准,会确定一条自圆其说的裁判路径,完成结案工作。而对于律师,即便诉讼策略的选择有偏差,也可以通过"重启诉讼"或其他方式进行纠错。

(三)化繁为简又不失真

我们已经了解到,法官思维模型是在点、线、面、体的战略思维下建立起来的,它将诉讼的各个环节整合于空间可见的点、线、面、体。因此,是对诉讼思考过程的简化,亦是对诉讼逻辑的系统梳理。由于采用"减法思维法则",剔除冗杂信息,实现了熵减的目的,完成"少即是多"。然而,我们往往因为丢弃信息而担心结论的完整性,事实上,通过法官思维模型总结的公式"事实+规则(+原则)=结论"可以看出,"原则"的融入,就是那些说不清、道不明,但又能确保裁判不失真的要素。

总而言之,做加法是人类的本能,法官思维模型采用减法思维,用化繁为简的方式实现对诉讼的简化,再根据具体情况通过加法去填充模型中的点和线,完成对面和体的修正,保持不失真的特性,并实现与个案相匹配的完整模型。

大道至简,法官思维模型最终幻化于无形。如图24所示,看似有形却无形,看似无形却有形。简约,却不简单。

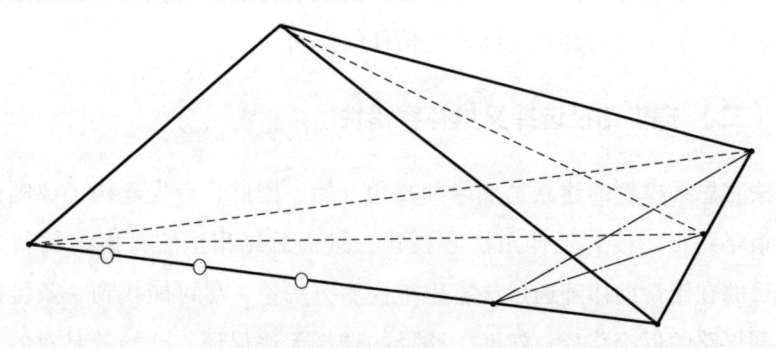

图24 法官思维模型——大道至简

（四）通过经验整合又避免不可证伪性

法官思维模型的创建是通过对法官过往的裁判思路、理念、方法、经验等总结获得，属于通过大数据分析归纳得出的结论。因为归纳是从个别到一般，为了避免其出现非同一般的个别现象而导致的结论错误，我在反复的调整升华过程中，又通过演绎法完成了对法官思维模型的调校和升级。

归纳法和演绎法最大的差别就在于，归纳法具有不可证伪性，因为归纳法是从个别事例中获得一个较具概括性的规则，这种方法主要是从收集到的既有资料，加以抽丝剥茧的分析，最后得出概括性结论。与之相反，演绎法是从既有的普遍性结论或一般性事理，推导出个别性结论，由较大范围，逐步缩小到所需的特定范围。一方面，归纳是演绎的基础，没有归纳就没有演绎；另一方面，演绎是归纳的前导，没有演绎也没有归纳。一切科学的真理都是归纳和演绎辩证统一的产物，离开演绎的归纳和离开归纳的演绎，都不能达到科学的真理。

法官思维模型也是一种融合了归纳和演绎的思考方法，针对具体的案件和事实，通过抽象的模型，整理出对应的律师诉讼路径，完成由一般到个别的再次蜕变。同时，法官思维模型在设计时，隐含了一个假设前提，即：当点 S 确定，根基 SAC 就确定，无论在怎样的场景下，这个假设前提始终保真，那么通过演绎法所得出的结论就一定为真。如图 25 所示。

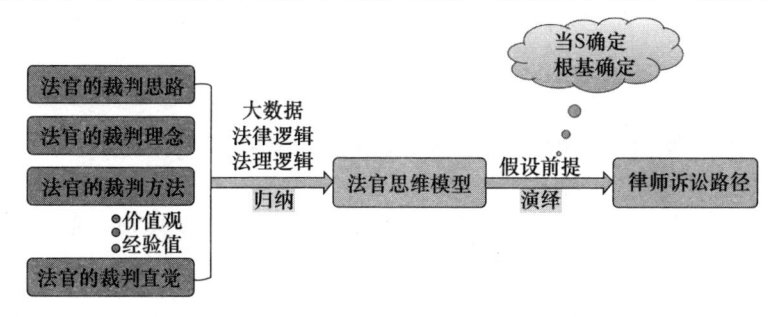

图 25 法官思维模型——经验整合

可见，在对法官思维模型梳理的过程中，选择演绎法作为经验总结的合理补充，有效避免了不可证伪性的问题。

（五）整合诉讼全流程又提供诉讼逻辑和诉讼思维

前已述及，法官思维模型将诉讼的全流程整合在同一个模型当中，即只要诉讼请求明确具体，底面就不会随着诉讼流程的推进而改变。此外，法官思维模型提供了全局性视角，融合程序性思维和终局性思维于一身，便于律师在整理案件时，知己知彼，权衡利弊，根据诉讼逻辑及时调整诉讼策略。

关于这一点，将在第二章的"诉讼场景篇"全面展开。

（六）框定裁判边界又提供可延展空间

对法官来说，边界，是最应当坚守的东西，我眼中的最高裁判境界就是"随心所欲不逾矩"。而法官思维模型正是以旁观者的视角，去审视过往审判的边界而获得。万事皆有度，法官裁量的度在哪里，不同的案件，处理的方式千差万别，只有将模型推演到极致，才能找到最佳的边界。在确定的假设前提下，增加主观认定和选择，底面的大小可以延展和填充，三角锥体的高度可以升维和拔高，实现了法官思维模型在空间的变形。而主观认定属于价值观范畴，价值观对外是底线，对内是"游戏规则"，法官的裁判不能违背"游戏规则"，即边界。因而，法官思维模型是在框定了裁判边界后，又加入了理性的延伸，满足法官裁判合法、合理、合情的要求。

（七）整合不同视角和立场又实现无缝对接和角色转换

前面我们已经讲到，法官思维模型中如果将视角切换至律师，那么律师不仅可以合理引导客户预期，还能够更好地选择和设计诉讼策略。无论是律师的当事人视角还是律师的法官视角，归根结底都是为了让律师更好地提供法律服务，提升诉讼质量。不仅如此，法官思维模型在生活中也能给你满意的答案。

　　曾经有个律师说，听到一个丈夫回家是否要帮妻子洗碗的故事时，想到了我的思维模型。后来，我发现，如果把点 T 换成丈夫，把点 S 换成妻子的诉求——洗碗，在妻子眼中，洗碗可能就上升为评价丈夫是否爱她的表现。所以，结论 A 和结论 C 分别代表爱和不爱。从丈夫的视角来看，可能工作繁忙，身体疲惫，但是如果考虑到维系家庭的和睦，要多体谅妻子的大原则，结论就不言自明了。

　　简言之，法官的裁判不能脱离法律规定和法治精神，即便成文法也存在滞后性，但万变不离其宗，法官思维模型所展示的第一性原理正是"宗"。

CHAPTER 2

第二章

诉讼场景篇

理工科思维最根本的方法就是：量化输入，预计输出。第一章我们重点分析了法官思维模型的建立，而在模型中，应当如何确保输入，又以怎样的方法预计输出，这将在本章为大家展开。

一、谈判场景

（一）谈判场景下的法官思维

在我看来，如果律师谈判的时候是法官思维，更确切地说，如果只有法官思维，恐怕一半以上的案子会飞走。为什么？因为法官思维从来不是以成交为目的，而是以结案为目的，这也是很多辞职法官在执业初期会面临的困境。习惯坐在审判席上审视案件，习惯拿到案件直接预判结果，习惯给答案，习惯"免费"。此外，法官思维往往因为看到事物的本质，更为冷静和客观，加上没有经过律师被当事人"摔打"的锤炼，很难一下子从甲方跳跃到乙方，与当事人产生真正的共情。

律师则正好相反，因为律师的授权来源于当事人委托，与客户产生共鸣是律师必备的技能，但若要锻炼律师中立、全面的立场，就应适度站在相对方的角度，选择法官视角，衡量各方当事人利益。法官思维模型的斜面 TAC 不正符合法庭的场景设置吗？话说回来，律师的职责是帮助当事人实现胜诉目的，降低败诉风险，减少实际损失。而实现这个目标的前提是调用形式主义和现实主义两种思维，对案件进行充分研判，跳脱代理人局限，管理当事人预期。

在复盘了几个案件的代理过程后，我最挠头的困扰就是风险告知的目的究竟是什么？怎样的"度"，才能恰到好处地平衡客户预期与律师职责？

律师提供法律服务，过程应与结果并重，但在法官思维中，后果实用主义的定势常常导致我忽略对过程的管理，忽略客户的接受程度。在我眼中的案件结果看似通透，却增加了客户的焦虑，反增了代理和管理客户预期的难度，也让我陷入了深深的思考。

在法官思维模型中，最讲究的就是边界，那么，律师在代理案件的过程中，边界应该在哪里？

1. 经验是把双刃剑

在从法官过渡到律师的过程中，我再次清醒地意识到，经验是把双刃剑。

把裁判思维强加给律师，尚且不一定买账，更何况是当事人？于是想明白，预警、风险告知应当是一个循序渐进的过程，是管理客户预期中不可避免且需要讲究技术和艺术的工作，若还是不行，便交给时间吧！看来，想从以往的经验和惯性中走出来，着实需要时间。因为你眼中的司空见惯、习以为常，在客户这里，或许是一辈子就那么一次经历，客户必然更紧张、小心、纠结与不安。理解之后，管理客户情绪，便成了律师的"家常便饭"。

近期办理了一个房屋买卖合同纠纷的案件，委托人是案件的买受人，她向出卖人支付了房屋定金，并向中介支付了佣金，但因为委托人购房的主要目的是满足女儿入学的需要，而中介也一直向其保证不存在问题。但后来该合同目的无法实现，于是委托人找到我们希望解除合同，拿回定金和佣金。

由于本案涉及房屋买卖合同纠纷和中介合同纠纷两个基础法律关系，想在一个案件中同时要求被告返还定金，中介返还佣金，无法立案。于是，我们制定的诉讼策略是，先起诉出卖方，然后根据诉讼请求被支持的情况确定损失数额，再起诉中介方，向其主张返还佣金及赔偿损失。当然，我们最真实的目的是希望在法院的组织下实现调解，最大化地为客户挽回损失。开庭后，出卖人明确表示根据合同约定，合同未能继续履行并非出卖人的过错，而且因为买受人的原因，导致出卖人置换房产不能，故不愿意返还定金。于是法官问中介公司是否愿意调解并承担相应赔偿责任？中介公司明确表示佣金全额返还，原告支付的定金，他们愿意分担一半。我们为客户不断争取，最后中介同意赔付原告90%的定金。我个人认为，这是一个比较令人满意的结果，而且我也很庆幸该中介公司是个良心企业。我原本以为，我帮客户挽回了90%的损失，可在她眼中，却因为10%的损失没有被追回来而心怀不满。

可见，律师眼中的最佳解决途径，或许因为忽略了客户视角，原本是减少损失，却演变为没有利益最大化。这也许就是人性吧，人们总是希望自己犯了错误之后，可以毫发无损，全身而退，却忘了为自己的不理性买单也是必然。

2. 损失最小化 VS 利益最大化

图26是从客户视角出发对法官思维模型的变种。如果说法官的"上帝视角"是为了实现公平正义，那么客户的"上帝视角"必然是为了实现自身利益的最大化。我们转换视角，看看会有哪些启发。

如图26所示，当事人往往是极致的结果导向型（斜面），这就是为什么对于稳输的案子，律师更要管理好过程的原因。我们将模型的线段AC进行详细拆解，从客户视角出发，点A是客户诉求最大化的结果，即极致的利益最大化。倘若客户视角集中在A点，势必造成——除了完胜，所有结果都是利益减损，都是"输"。但若客户抱着点C的心，去争取点A的利益，那么，任何除点C之外的结果，都是向点A的靠拢，都是损失的减少，都是利益的扩大，都是"赢"。就如前面我们讲的房屋买卖合同纠纷的案子，如果客户认识到支付的定金实际上是损失，即点 C，那么我们挽回了 90%，就是减少了她的损失，实际是"赢"的效果；但由于最初没有稳妥地管理她的预期，她内心认为定金应当全部返还，即点 A，那么我们即便挽回了 90%，她所看到的也只是利益的贬损。

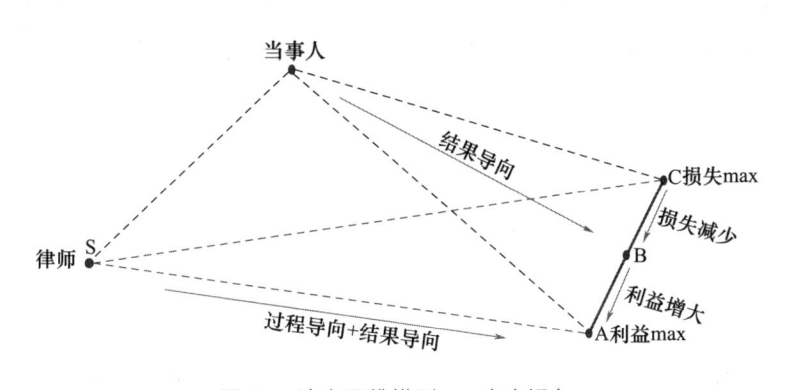

图26　法官思维模型——客户视角

由此可见，在法官思维模型中，线段 AC 是裁判结果的区间，但从用户视角探讨的话，线段 AC 应当理解为律师引导当事人认知的区间，方向直接决定了当事人对律师服务的认可程度。毋庸置疑，沿着从点 C 到点 A 的方向引导更为有益。

3. 说服法官 VS 管理客户

了解法官思维模型的朋友一定记得，思维模型中的"以终为始"，用程序性思维和终局性思维结合的方式，选择和确定诉讼请求（点 S）。反之，作为律师，只有"以终为始"，方能选择最适宜管理客户预期的点，实现双赢。

其实模型的底层逻辑不变，都是"以终为始"，一种用于说服法官，一种用于管理客户，只是角度不同。就好像每次客户的提问——律师，你有几成把握？

管理客户预期，还是要沿着从点 C 到点 A 的方向更为稳妥，不给希望不行，希望给太大也不行。不给希望，客户跑了；希望太大，一旦落空，客户彻底丢了。

总之，说服法官，通过对线段 AC 的具体分析以确定最佳的点 S，体现在法官思维模型的底面 SAC 上。而管理客户，则是通过在线段 AC 上选取适当的点 B，以实现引导当事人"预期向好"的目的。

如图 27 所示，在线段 AC 上，可以选择不同的点 B，显然越靠近点 A，代表把握越大（如 B_1），越靠近点 C，代表把握越小（如 B_3）。

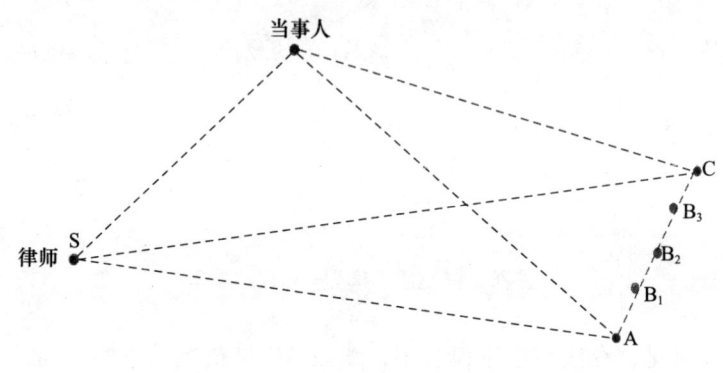

图 27　法官思维模型——管理客户预期

律师在管理客户时需要保守，但不能太过保守。

给最坏的结果以便于管理客户预期吗？显然不是。我就有因太过保守，风险提示太密，丧失客户信任的经历，尽管后来事实验证律师是对的，但依然属于过程管理不够成功的典型。

因此，过程服务不保留，结果引导有保留。

在服务过程中，要给客户良好的体验感，及时沟通案件的进展情况，及时反馈信息，建立良好的信任关系，是提供优质法律服务的基础。

在结果引导中，应当相对保守，有所保留。和盘托出，未必能换来客户的信任，有时可能适得其反。

总之，客户希望改变结果，律师需要找到原因。只有恰到好处地选择合理的告知范围，让客户在抱着希望的情况下委托你，又在收获了更大的希望之后认可你，才是行之有效的路径。

既然法官思维模型的核心在于边界，那么我们通过调整和改变模型，就能找到不同场景下的边界，既延展了模型，也拓宽了思路。只有找到要去的地方，才知道该从哪里起航。在法官思维模型中，运用好边界，才能有效管理客户预期。

（二）法官思维对律师谈判的利与弊

法官思维倾向于事实、法律、逻辑，在谈判中，足以让当事人感受到专业的力量，这是优势。然而，如果始终抱着这样的姿态面对当事人，客户就可能因为找不到认同感而放弃你，所以，在不同的案件条件下，没法受用。毕竟，大多数案件都没有绝对的胜负之分，尤其是在商事诉讼中，分寸的拿捏还需要对细节的把控。

案件不利时，要不要和盘托出？我曾代理一起合同撤销纠纷案件，当事人（原告）诉求是请求撤销合同，理由是胁迫、显失公平。我接到案件时，出于法官的职业习惯，对案件结果作了预判，结论是合同撤销的可能性极小，因为没有足够证据证明当事人在签订协议时存在胁迫情形。当然，很快我就意识到，作为律师，应当站在当事人的角度考虑如何保护当事人利益，或者将其损失最小化。可是，我却在与她对接的时候，忍不住反复强调案件败诉的风险，可能是因为我还没有完全适应律师工作的状态，也可能是我想免责，总之，结果就是客户对我丧失了信任，中途更换了律师。起初我也很困惑，明明我是在帮助她面对事实和真相啊，如果我给她一个美好的愿景，又不能实现，不是更让人失望吗？

我不断反思原因，意识到，作为律师，管理客户预期，与作为法官，给出判决结果是不同的。毕竟，我现在不是法官，也未必就是对的，万一法官支持了原告的诉讼请求呢！有时候法官以往的经验或者说认知，或许是助力，也可能是"绊脚石"。我逐渐理解了当事人的想法，从她的角度来看，一定是心存委屈的，即便没有足够证据证明，也希望律师能够全力以赴地帮她。或许她看得到事实，只是不想面对，我们当然要帮她正视结果，但一定要讲究方法。

其实，就该案而言，我看到了一场小的战役的失败，但通过全局考量，我希望将该案查明和认定的事实，作为另案起诉的依据，帮她挽回损失。但是，我忽略了对客户的疏导，没有给她充分接受的时间，即使我在战略层面有了布局，仍然无法改变她另选他人的结果。当然，这个案子在一审之后，客户发现一切都如我所说，她还是来找我，请我帮她上诉，而此时，所有的管理都变得容易起来。可见，信任是一切的基石，但不是所有案件都有机会回头的。

因此，律师应当合理应用法官思维，充分发挥法官在裁判案件中注重利益衡量的优势，在谈判中尽可能地趋利避害，在随后的法律服务过程中做好平衡。

（三）谈判后法律意见书的制作

律师是法官和当事人之间的"桥梁"。比如，律师在制作起诉状时其实已经在"设计"法律路径和对法官进行"引导"了，那么律师的《法律意见书》是否可以作为对当事人的"洗脑"和"疏导"呢？为巩固谈判成果，促成交易，在与客户进行了较为细致的沟通后，有时还需要为客户提供一份较为翔实的书面《法律意见书》。

成案之前的《法律意见书》，相当于案件的大体分析和服务报价方案。在此阶段，需要将客户提交的所有材料汇总后，对案件进行整体梳理，简明、扼要、清晰、准确，切忌流水账，因为客户并不想看他已经明确的案件事实，所以《法律意见书》应当注重归纳总结和呈现方式。

为了与本章第七节中"案件复盘"的内容相呼应，此处以我办理的买卖合同纠纷一审案件为例，谈谈《法律意见书》的制作。

基本案情：本案客户系苏州×公司，其与浙江××公司共签订13份《钢材产品购销合同》，其中一份合同履行完毕。苏州×公司按照合同约定支付了13份合同的定金。后因钢材价格上涨，浙江××公司无法履行其他12份合同的交货义务，双方反复磋商后，浙江××公司将定金全部返还苏州×公司。现苏州×公司由于生产需要，不得不向第三方临时采购钢材，但价格都较其与浙江××公司约定的价格高，苏州×公司认为，浙江××公司应当继续履行交货义务，并赔偿因其未按时交货，给苏州×公司造成的经济损失。

1. 分析依据

第一部分为分析依据，相当于一份材料交接清单，说明律师收到了客户提供的哪些材料，表明律师如下的分析均来源于现有资料清单，如果还需要客户提供，需要补充说明。如图28所示，是《法律意见书》的第一部分内容。

第一部分　分析依据

1.《钢材产品购销合同》13份，其中，2020年4月17日签订7份、2020年5月19日签订6份。

2. 贵司支付保证金的网上银行电子回执，共计13份。

3. 贵司支付货款的网上银行电子回执，共计3份。

4. 编号 ZJZT2020×××××× 合同的"材料采购询价或提货通知单"，供应单位：浙江×× 公司。一车一张送货单，共计9张。

5. 编号 ZJZT2020×××××× 合同货物的出库单，共计18张，贵司在出库单上签字确认。

6. 浙江×× 公司向贵司退还12份合同保证金及部分货款的网上银行电子回执，共计8568035元人民币。

7. 2020年7月23日，贵司委托江苏×××× 律师事务所出具的《律师函》。

8. 对方工作人员与贵司法定代表人的录音一份。

图28　法律意见书——分析依据

从法官思维的角度出发，这是证据留痕的一种形式，法官用以裁判的所有证据都必须经过严格的举证和质证环节，这是程序正义必不可少的一部分，同理，在律师向客户提交《法律意见书》时，证据清单也应放在首位。而且，如果有客户的原件，一定要在清单中标明。当然，律师在开庭之前，若无必要，最好不要保留客户证据的原件。

2. 案件基本情况

客户是案件事实的亲历者，他比你更清楚案件的来龙去脉，所以，律师在梳理案件基本情况时，目的只有一个：让客户知道他的事情，你不仅听懂了，还很有条理。因此，请尽量选择思维导图、时间轴、表格等简洁的方式呈现，既不占用大量篇幅，也不会让客户拿到《法律意见书》后，一直翻不到重点。律师需要通过梳理案件基本内容，为客户呈现较为客观的案件事实或法律事实。如图29所示，在本案中，表格最右边一列"合同履行情况"，清楚标明对方向我方客户退还保证金的情况。这是律师为管理当事人预期，引导当事人充分客观看待结果埋下的伏笔。因为客户往往把重点放在己方损失上，却常常忽略或者不愿正视对己方不利的事实，如本案中对方已将保证金全部返还的事实，其实会对法官的裁判产生极大影响。

因此，先作铺垫，再管理预期。

下图是法律意见书第二部分"案件基本情况"的节选。

本案采用了表格形式梳理案件事实，此外，还可以用时间轴来呈现合同签订、付款时间和退款时间等脉络。而汇总的优点是清晰、有条理，如果是用语言阐述案件事实，将占用大量篇幅。试想一下，你交给客户的《法律意见书》共30页，前15页是他提供的证据和他知道的事实，如何体现《法律意见书》的分量？浓缩和提炼，就是律师的价值体现。

第二部分　案件基本情况

合同签订及履行情况汇总表

日期	合同编号	主要内容	合同履行情况
2020.4.17	ZJZT2020×××× 履行完毕	镀锌卷重量430吨，合计金额17873元。约定需方于2020年4月17日前以电汇方式支付15%货款作为保证金，并于2020年6月20日前付清本合同项下所有货物的货款	4月17日支付保证金：268095元(守约) 支付货款：1475649.55元 6月16日支付元13100（守约） 8月13日支付165649.55元（逾期） 对方6月26日至8月15日共交付货物：419.555吨
	ZJZT2020××××	镀锌卷重量150吨，合计金额6210元。约定需方于2020年4月17日前以电汇方式支付货款15%作为保证金，并于2020年7月20日前付清本合同项下所有货物的货款	4月17日支付保证金：93150元(守约) 8月17日对方退还保证金：93150元
	ZJZT2020××××	镀锌卷重量290吨，合计金额12058元。约定需方于2020年4月17日前以电汇方式支付货款15%作为保证金，并于2020年8月20日前付清本合同项下所有货物的货款	4月17日支付保证金：180870元(守约) 8月17日对方退还保证金：180870元
	ZJZT2020×××× (2份)	镀锌卷重量140吨，合计金额5800元。约定需方于2020年4月17日前以电汇方式支付货款15%作为保证金，并于2020年9月20日前付清本合同项下所有货物的货款；	4月17日支付保证金：87000元(守约) 8月17日对方退还保证金：87000元
		镀锌卷重量340吨，合计金额14183元。约定需方于2020年4月17日前以电汇方式支付货款15%作为保证金，并于2020年10月20日前付清本合同项下所有货物的货款	4月17日支付保证金：212745元(守约) 8月17日对方退还保证金：212745元
	ZJZT2020×××× (2份)	镀锌卷重量100吨，合计金额4160元。约定需方于2020年4月17日前以电汇方式支付货款15%作为保证金，并于2020年11月20日前付清本合同项下所有货物的货款；	4月17日支付保证金：266970元(守约) 8月17日对方退还保证金：266970元
		镀锌卷重量430吨，合计金额1798元。约定需方于2020年4月17日前以电汇方式支付货款15%作为保证金，并于2020年12月20日前付清本合同项下所有货物的货款	4月17日支付保证金：62400元(守约) 8月17日对方退还保证金：62400元
2020.5.19	ZJZT2020××××	冷轧重量850吨，合计金额34805元。约定需方于2020年5月20日前以电汇方式支付货款30%作为保证金，并于2020年7月20日前付清本合同项下所有货物的货款	5月20日支付保证金：1044150元(守约) 6月23日支付货款：1400000元(逾期) 8月17日对方退还保证金：1044150元 8月17日对方退还货款：1400000元
	ZJZT2020××××	冷轧重量850吨，合计金额34805元。约定需方于2020年5月20日前以电汇方式支付货款30%作为保证金，并于2020年8月20日前付清本合同项下所有货物的货款	5月20日支付保证金：1044150元(守约) 8月17日对方退还保证金：1044150元

（接上图）

2020.5.19	ZJZT2020××××	冷轧重量850吨，合计金额3805元。约定需于2020年5月20日前以电汇方式支付货款30%作为保证金，并于2020年9月20日前付清本合同项下所有货物的货款	5月20日支付保证金：1044150元(守约) 8月17日对方退还保证金：1044150元
	ZJZT2020××××	冷轧重量850吨，合计金额34805元。约定需于2020年5月20日前以电汇方式支付货款30%作为保证金，并于2020年10月20日前付清本合同项下所有货物的货款	5月20日支付保证金：1044150元(守约) 8月17日对方退还保证金：1044150元
	ZJZT2020××××	冷轧重量850吨，合计金额34805元。约定需于2020年5月20日前以电汇方式支付货款30%作为保证金，并于2020年11月20日前付清本合同项下所有货物的货款	5月20日支付保证金：1044150元(守约) 8月17日对方退还保证金：1044150元
	ZJZT2020××××	轧重量850吨，合计金额34805元。约定需于2020年5月20日前以电汇方式支付货款30%作为保证金，并于2020年12月20日前付清本合同项下所有货物的货款	5月20日支付保证金：1044150元(守约) 8月17日对方退还保证金：1044150元
汇总	8月17日浙江××公司通过网络转账方式将12份合同定金及部分货款退还至贵司账户，共计人民币8568035元		

图29　法律意见书——案件基本情况

3. 案件分析意见

案件分析意见是律师对当事人诉求在法律层面较为详尽的梳理，但表达方式因案而异，表述不仅要体现律师专业，还要考虑客户的接受程度。前面我们已经多次提到过，客户想听的未必是事实，然而作为律师，即便客户提出的一些想法不切实际，仍然需要在法律层面尽可能找到使客户利益最大化或损失最小化的方案，保护客户权益。因而，对于尚不明晰的问题，在成案前的《法律意见书》中，应适当留白，话不说满，留余地给自己。如图30所示是该案件《法律意见书》的第三部分。对于前三个问题，较为明确，所以内容分析比较具体详尽，但对于后面两个问题，因为涉及客户诉讼请求的摇摆和选择，以及对于客户证据掌握程度的有限，没有重点陈述，而是留下了进一步探讨的空间。①

---

① 本书撰写的时候《中华人民共和国民事诉讼法》及《最高人民法院关于适用〈中华人民共和国民事诉讼法〉的解释》已经进行了修改，但在出具《法律意见书》时还是按照当时的法律条文顺序表述。另，根据《最高人民法院关于适用〈中华人民共和国民法典〉时间效力的若干规定》第一条第二款之规定，本案适用原《中华人民共和国合同法》。

第三部分　　案件分析意见

根据贵司提供的现有资料及贵司的维权主张，本所提供初步法律分析如下：

（一）关于本案立案管辖的问题

《中华人民共和国民事诉讼法》(2017年修正)第三十四条规定："合同或者其他财产权益纠纷的当事人可以书面协议选择被告住所地、合同履行地、合同签订地、原告住所地、标的物所在地等与争议有实际联系的地点的人民法院管辖，但不得违反本法对级别管辖和专属管辖的规定。"由此可见，当事人可以协议约定管辖法院，但协议约定的法院必须同双方的争议具有实际联系，当事人不能也不允许通过合同来创设实际联系地点，并把无实际联系的地点约定为管辖地，以排除有管辖权法院的管辖。

本案中，对方与贵司在合同中约定"依法向合同签订地人民法院起诉，合同签订地为：湖南省长沙市芙蓉区　X 路 Y 号 Z 层"。然而，当事人的住所地、居住地、双方的合同履行地均不在湖南省长沙市，因此，湖南长沙同本案不具有实际联系，故合同中记载的签订地点不能作为本案的立案管辖地。另，案涉所有购销合同均没有双方签字盖章，因此，也不存在实际签订地，故关于本案管辖，应当适用民事诉讼法的相关规定。

贵司提出希望本案交由苏州市吴江区人民法院管辖。《中华人民共和国民事诉讼法》(2017年修正)第二十三条规定："因合同纠纷提起的诉讼，由被告住所地或者合同履行地人民法院管辖。"被告住所地在杭州市下城区。《最高人民法院关于适用〈中华人民共和国民事诉讼法〉的解释》(法释〔2015〕5号)第十八条第一款规定："合同约定履行地点的，以约定的履行地点为合同履行地。"本案中，双方没有约定合同履行地，即便案涉合同第二条约定："交货地点为需方厂内交货"，是否能因此认定贵司所在地苏州市吴江区人民法院享有管辖权，仍有待商榷。

律师风险提示：如果贵司坚持向苏州市吴江区人民法院提起诉讼，对方定会提出管辖权异议，以约定管辖法院在湖南长沙为由，就此，前面已经分析，湖南长沙与本案不具有实际联系，移送的可能性并不大。但是，如果移送到被告所在地，或法院认为，因贵司的诉讼请求是继续履行合同，履行合同义务的一方所在地和被告所在地均在杭州市下城区，很可能会将案件移送杭州市下城区人民法院，导致立案不稳。即便一审法院裁定驳回对方的管辖权异议，二审对方若上诉，仍然有移送的风险。

(接上图)

（二）关于合同是否成立的问题

原《中华人民共和国合同法》第三十七条规定："采用合同书形式订立合同，在签字或者盖章之前，当事人一方已经履行主要义务，对方接受的，该合同成立。"本案中，贵司已按合同约定向对方支付13份合同的保证金及约定的货款，表明对方已经接受了贵司的履行，案涉合同成立。况且对方按约交付了第一期货物，双方均履行了合同义务。以此可以认定，合同已经成立。

另，从交易习惯上来看，对方同贵司自2018年起合作至今，大部分交易合同都未盖章，但合作一直非常顺利。由此可见，合同未盖章符合双方一直以来的交易惯例，对方在同贵司签订合同时亦应当知道该交易习惯的存在。因此，即便对方以合同未盖章为由主张双方合同不成立，该形式上的瑕疵也很容易被双方实际履行的情况治愈。

以上，足以证明钢材产品购销合同系双方当事人真实意思表示，虽然形式上存在瑕疵，但合同成立的本质是当事人的意思表示真实且双方达成一致，这也正是原《中华人民共和国合同法》第三十七条以及《中华人民共和国民法典》第四百九十条的立法本意，避免因形式要件的瑕疵而损及合同效力。

（三）关于合同能否继续履行的问题

贵司提出要求对方继续履行合同。

通过现有证据材料分析发现，双方签订的13份合同的全部定金及部分货款，共计10311779.6元人民币，贵司均已严格履行。但根据本案事实，对方已将全部保证金返还贵司。如果从时间节点来看，保证金返还后，贵司对于对方继续交货应当没有期待，而且，定金返还后，对方未再占用贵司资金。如果仍然要求继续履行合同，不仅对方会予以反驳，从法官的角度来看，也无法支持。因此，返还定金的事实显然对贵司要求继续履行合同的主张极为不利。

律师风险提示：虽然贵司作为守约方，有权要求对方继续履行合同或赔偿损失，但贵司希望通过诉讼，让法院支持双方在钢材价格已经上涨的情况下，在对方已经返还定金的情况下，仍然按照原合同约定继续履行并交付钢材，律师认为并不实际。因为对方已经将贵司支付的全部定金返还，从时间节点上来看，定金返还之后，对方已经没有继续交付货物的义务，而且，从法官的裁判思维来看，双方权利义务终止，合同存在事实上已经解除的认定。

（接上图）

另，对方可以提出合同已经解除的抗辩，或反诉请求确认案涉合同于保证金返还之日解除。

（四）关于合同是否已经解除的问题

通过对前一个问题的梳理，不难看出，如果法官认为合同已经无法继续履行，即便不会明确指出双方合同解除，但在司法实践中，在对方返还全部定金时，法官通常会认为案涉合同实际已经解除，至少双方权利义务已经终止。但贵司指出，返还定金是对方提出的，是为了重新订立合同，那么贵司是否有充足证据证明是能否阻挡合同解除的关键要素，请贵司进一步收集整理相关证据供律师参考，以评估该诉讼请求的可行性。

原《中华人民共和国合同法》第九十四条规定："有下列情形之一的，当事人可以解除合同（一）因不可抗力致使不能实现合同目的；（二）在履行期限届满之前，当事人：一方明确表示或者以自己的行为表明不履行主要债务；（三）当事人一方迟延履行主要债务，经催告后在合理期限内仍未履行；（四）当事人一方迟延履行债务或者有其他违约行为致使不能实现合同目的；（五）法律规定的其他情形。"

原《中华人民共和国合同法》第九十六条第一款规定："当事人一方依照本法第九十三条第二款、第九十四条的规定主张解除合同的，应当通知对方。合同自通知到达对方时解除。对方有异议的，可以请求人民法院或者仲裁机构确认解除合同的效力。"

律师风险提示：本案最大的问题在于定金返还。贵司称对方发出退款申请的原因是，双方拟订新合同，但由于没有达成一致，所以拖延至今。从法官视角出发，即便是需要重新签订合同，那么事实也是新合同未成立，也未形成合意，更无法证明双方有就原合同变更的意思表示，那么此时，即便证据充分，拟订新合同的意思表示也无法改变退款已经实际发生。律师认为，法官还是会心证合同已解除。

（五）关于赔偿损失的问题

可期待利益是否赔偿，在钢材买卖合同中，通常法院不予支持，因为钢材买卖类似于期货交易，通常是买方向卖方支付定金后，由卖方在第三方处购买，确认货物到达后，再支付尾款，完成交易。

依据原《中华人民共和国合同法》第九十七条的规定："合同解除后，尚未履行的，终止履行；已经履行的，根据履行情况和合同性质，当事人可以要求恢复原状、采取其他补救措施，并有权要求赔偿损失。"本案中，由于对方的违约行为，

(接上图)

> 贵司无法取得约定货物，目前钢材价格上涨，贵司不得不在第三方购买指定钢材，差价损失可以向对方主张赔偿。
>
> 　　律师风险提示：赔偿损失的具体数额，需要贵司承担证明责任，以证明实际损失发生的具体数额并提供相应依据。这里不仅要求有贵司向第三方购买的采购合同、支付凭证、转账记录、交货证明等，还需要结合案涉合同的签订时间和履行期限来确定在第三方采购的时间；否则，就会落入可期待利益的范畴，很难被全部支持。

图30　法律意见书——案件分析意见

《法律意见书》除了上面三个主要部分外，还有起始部分的问候、风险评估、报价方案、保留声明以及团队、律所介绍等内容，本书不再一一列举。需要指出的是，本案增加了额外的律师建议，如，先由律师与对方公司沟通和解事宜，若能够达成共识，能不涉诉尽量不涉诉。提出这一建议的原因有二：第一，为当事人省却诉讼成本，节约争议解决的时间；第二，在我看来，本案最终也是最好的走向就是调解，如果诉讼，当事人的期待很难实现。但在双方形成法律服务合同关系之前，必然有所保留，或者表达较为委婉，毕竟，当事人接受法律上的结果需要一个过程。更何况，吃一堑长一智，前面已经提及，我在谈判时因为仅有法官思维，而缺少律师思维和当事人思维，已经吃了不少亏了。

在我看来，《法律意见书》有很多功能，是律师工作的梳理和成果，是当事人了解律师专业的途径，甚至还是律师未来"免责"的依据。

除了我们讲到的谈判后，为促成交易向客户制作的《法律意见书》外，法律服务提供过程中，律师是否还需要制作相关文书，以展示阶段性成果，我认为，取决于案件的复杂程度以及管理客户预期的难度。如果案件较为复杂，周期又长，长期的静默会疏远律师与客户之间的距离，此时，梳理一份阶段性成果，一方面让客户了解律师做了哪些工作，另一方面让客户掌握案件的进展情况，还有哪些是需要客户配合的，及时沟通，即时反馈，让客户有参与感，也是作为律师在诉讼之外需要关注的问题。如果是管理客户预期有难度的案件，过程管理就更为重要，因为对结果的不确定，可能会直接影响客户对过程的认同感，此时，阶段性的成果汇报可以提升客户对律师的信任。

总而言之，让客户感到物有所值、物超所值，是律师在法律服务过程中应当始终贯彻的理念。

二、检索场景

（一）检索类案裁判思路

很多情况下，律师会对类案裁判进行检索，一并提交给法院，至于法官是否会看，那恐怕与你提交的内容和提炼方式有关。通常来讲，检索需要精准，表达需要精练。

说说我的感受吧，如果一个案子我内心较为笃定，那么对律师提供的检索报告通常只是作为参考，最大的作用就是增强内心确认。相反，如果对于判决结果有些游移，此时，法官也需要得到律师的帮助一起寻找答案，而这也恰好符合我们一直所说"律师是法官的助手"的观点。若此时你的检索报告恰好可以"投其所好"，那么根据韦奇定律——"人在作出决策时，很容易受到合理观点的影响"，法官不仅会偏向你提供的思路，也更容易支持你的请求。在提交给法官的检索报告中，应当包含具有代表性的案例，在"精"，不在"多"。

比如上一节我们讲到的（钢材）买卖合同纠纷案件，在对损失赔偿是否支持进行检索的过程中，通过 Alpha 数据库系统，以"钢材""买卖合同纠纷""民事""中级人民法院""浙江省杭州市中级人民法院""判决""赔偿损失""最近 5 年"为关键词，检索到了 26 份判决书。如图 31 所示。

经过对 26 份判决书的梳理，其中有 11 份判决书与本案诉讼路径相反。

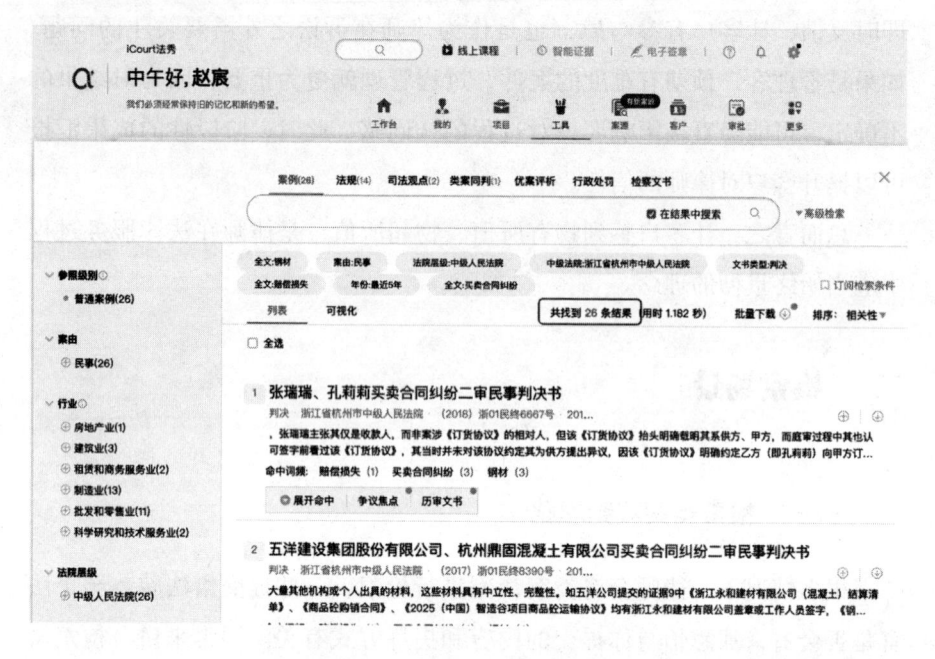

图31　检索类案裁判思路

其余 15 份判决书中，仅有 1 份支持了可得利益损失，并按照双方承担的比例作出了判决，还有 1 份支持了极少的损失赔偿（因为其他所有的诉讼请求都没有支持，于是酌情支持了很少一部分），其余 13 份判决仅支持利息损失；有 6 份判决当事人既主张了利息损失也主张了违约金损失，利息损失法院全部支持（比例有所不同），但支持违约金的判决仅有 3 份，系因双方合同有约定，且约定不存在明显过高的情形。从该检索情况来看，可得利益损失该院普遍不支持。而且，因为检索到的案例，通常情况下是当事人起诉解除合同，并返还预付款及资金占用费；而在本案中，保证金已经全额返还，且资金占用时间较短，如果仅对利息损失提出诉请，显然不能满足客户要求。这也是为何在该案的《法律意见书》及诉讼过程维护中，律师向客户反复强调调解是本案最好的解决方式的原因。

通常来说，选择检索范围时，基础法律关系是优先设置条件；其次是案例的级别，分为指导性案例、公报案例和普通案例；接着再按照需要不断限缩检索范围。而我的习惯是优先选择审理法院的上一级法院进行检索。因为从法官的角度来看，外地法院的裁判即便有参考价值，也不具有直接指导意义。就像我在课堂上律师问我，同样是可得利益损失，为什么甲地支持，乙地就不支持？这或许是因为某个区域的中级人民法院或高级人民法院的裁判思路，对该区域的下级法院具有直接的指导价值和影响。当然，如果案件争议较多，我们还需要继续按图索骥，向更上一层的法院了解裁判理念。毕竟，一审、二审、申请再审，至少这三个层次的救济途径都要充分予以考虑。

另外，需要提醒律师注意的是，作为法官的助手，如果该案件中存在专业术语，或者专业知识，对案件事实认定未必存在影响，但为了便于法官理解，还是需要律师协助法官更好地理解和作出判断。

总之，律师通过检索获得权威性案例、相关规范性法律法规文件以及司法观点，协助法官尽快结案，已经成了律师的基本共识。而我之所以不是按照案例的级别优先进行检索，而是按照法院的审级进行检索，正是因为在法官思维模型中，当一个诉讼正在进行，虽然底面三角形的三个点固定，但底面上的点会随着诉讼进程发生调整，而点 T，代表的是法官（法院），随着审级的变化，思维模型的变化更多体现在斜面上。因此，充分考虑斜面对底面和裁判结果的影响更为重要，这就必然不能脱离上下级法院之间的关系。

（二）检索法官裁判风格

除了就案件提供检索报告之外，律师还可以结合法官思维模型，通过检索更好地分析和把握法官的偏好，形成对法官裁判风格的基本判断。比如，我们可以通过检索该案审判法官过去所有的判决，进而分析该法官在裁判中构建判决路径的偏好性，也就是所谓的分析裁判风格，这对于诉讼结果的影响是至关重要的。

每个法官都有自己的特点。举例来说，通过 Alpha 数据库检索我任法官期间审理案件的一些大数据情况。

1. 案由分布统计

其他案由 (2.08%)
非讼程序案件案由 (0.89%)
特殊诉讼程序案件案由 (1.48%)
物权纠纷 (4.15%)
公司、证券、保险、票据 (22.85%)
合同、准合同纠纷 (68.55%)

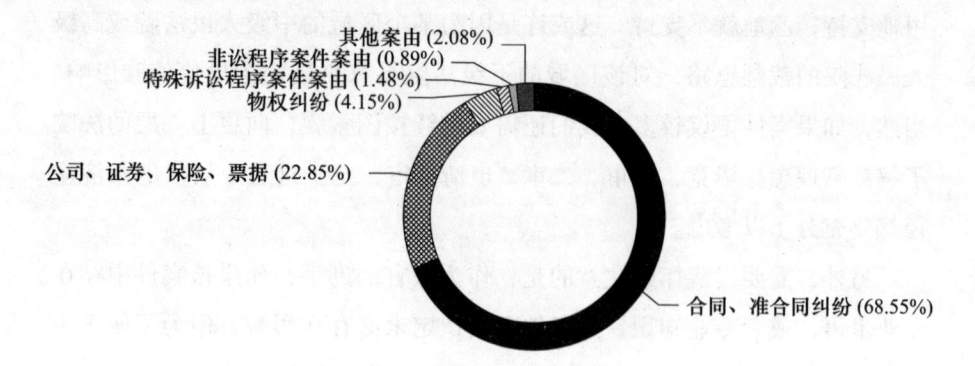

图32　案由分布可视化

由此可见，我主要审理的案件集中在合同和公司。最主要的案由为：合同、准合同纠纷，占一半以上。其次是与公司、证券、保险、票据等有关的商事纠纷，该领域是民二庭的主审范围。至于其他案由，主要集中在申请再审案件中。事实上，在商事审判庭，与公司有关的案件占大多数，但由于高级人民法院申请再审案件较多，因此，大部分案由被申请再审案件覆盖。通过该数据检索，可以了解到法官的主要审判业务领域集中在哪个范围，也能够很直观地了解到法官擅长什么，或者不擅长什么。

2. 行业分布统计

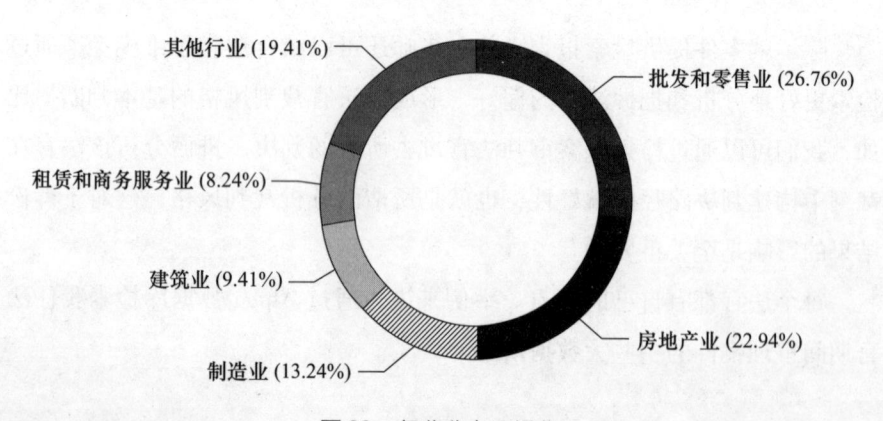

其他行业 (19.41%)
批发和零售业 (26.76%)
租赁和商务服务业 (8.24%)
建筑业 (9.41%)
制造业 (13.24%)
房地产业 (22.94%)

图33　行业分布可视化

从行业分类情况来看,行业分布主要集中在批发和零售业、房地产业、制造业、建筑业、租赁和商务服务业。

3. 程序分类统计

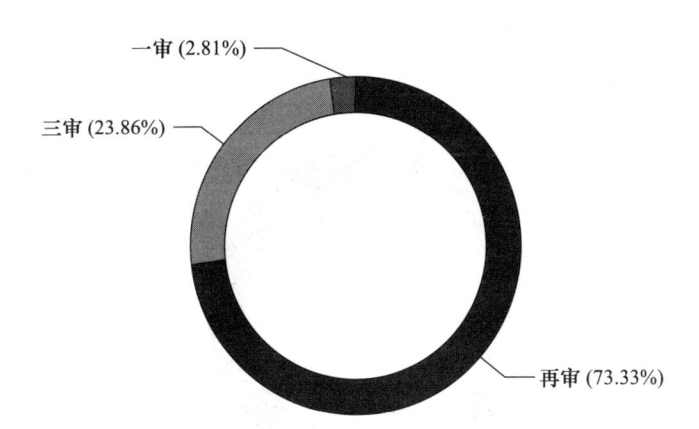

一审 (2.81%)
三审 (23.86%)
再审 (73.33%)

图34 程序分布可视化

从程序分类统计可以看出审理程序的分布状况,主要集中在再审案件。当然,高级人民法院法官的一审案件本身比较少,而改革之后,高级人民法院法官可能几乎很难再遇到一审案件,甚至二审案件的数量也会明显减少。因此,申请再审案件会集中在高级人民法院。

4. 裁判结果

● 一审裁判结果

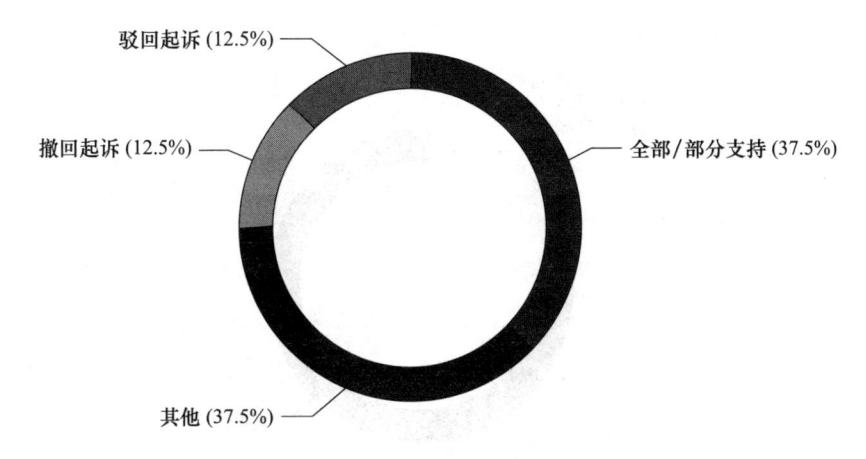

驳回起诉 (12.5%)
撤回起诉 (12.5%)
全部/部分支持 (37.5%)
其他 (37.5%)

图35 一审裁判结果可视化

通过对一审裁判结果的可视化分析，因程序性问题裁定结案的比例为25%，全部/部分支持诉讼请求及其他占75%，值得关注的是全部/部分支持的比例是37.5%，还不到审判案件的一半，这说明在一审案件的判决中，法官属于比较谨慎的类型。

- 二审裁判结果

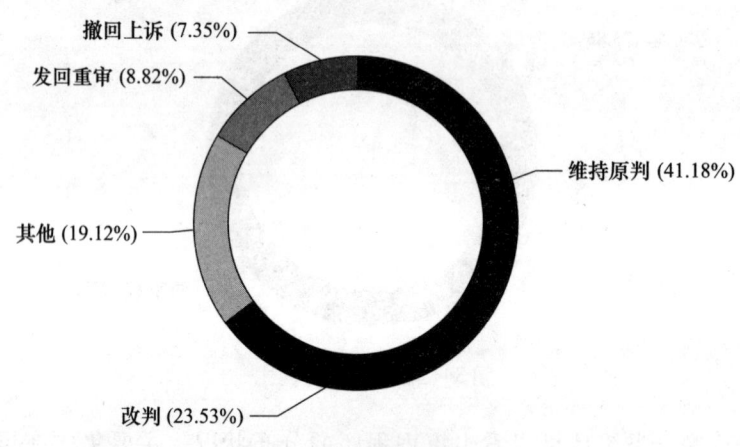

撤回上诉 (7.35%)
发回重审 (8.82%)
其他 (19.12%)
维持原判 (41.18%)
改判 (23.53%)

图36　二审裁判结果可视化

通过对二审裁判结果的可视化分析可以看出，二审案件的维持率为41.18%，不到二审案件总数的一半，而改判率为23.53%，因程序问题结案约占16%。对于律师来说，改判率和发回率比较高的法官，属于比较"吹毛求疵"型，对案件质量要求高，这对于上诉律师来说，其实是利好。如果继续研究法官的裁判风格，可能会找到更有价值的突破口。

- 再审裁判结果

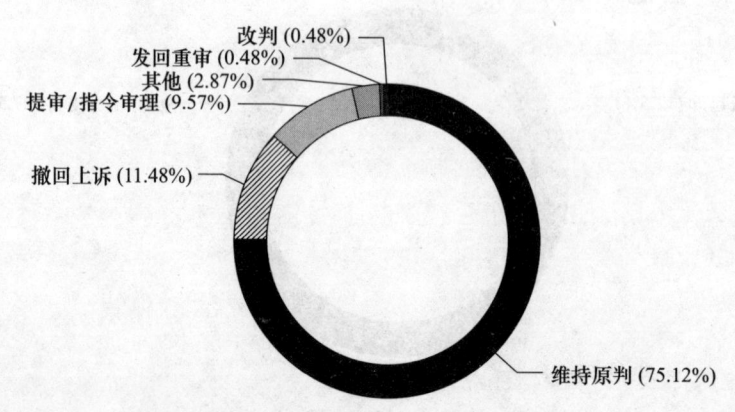

改判 (0.48%)
发回重审 (0.48%)
其他 (2.87%)
提审/指令审理 (9.57%)
撤回上诉 (11.48%)
维持原判 (75.12%)

图37　再审裁判结果可视化

通过对再审裁判结果的可视化分析可以看到，当前条件下维持原判的案件占比为75.12%；撤回占比为11.48%；提审/指令审理占比为9.57%。当律师在对法官裁判特点进行分析时，由于申请再审案件启动再审率很低，所以，对于维持率75%的法官来说，在申请再审过程中，只要理由足够充分，还是有机会说服法官的，毕竟还有25%的机会在等着你。

除了前面阐述的几项可视化分析外，还可以针对具体案件，检索某一具体领域内法官的裁判习惯，完成对法官在某一行业内裁判观点的"画像"，有助于律师在该领域内选择"投其所好"的诉讼观点。

总之，法官并不是千人一面。每位法官都有不同的裁判风格。地区不同，审级不同，专业庭室不同，裁判风格也会有所差异。

了解法官的裁判风格，十分有利于律师为出庭进行准备。

一方面，我们可以通过检索案件主审法官以往的裁判文书，了解法官的思维和观点。比如，法官在审理类似案件时，最常援引的法条是什么？该法条有没有更新，有没有最新的司法解释？再比如，一些法官自由裁量的事项，损害赔偿金是定一个差不多的数字，还是进行详细的计算来确定？责任比例如何确定？

另一方面，我们也可以通过观看法官以往的庭审视频，熟悉法官的习惯和庭审风格。主审法官是比较温和还是有些咄咄逼人？是否讲方言或有口音？提问有什么规律可循？

人是处于不断发展和变化之中的。通过检索了解法官的工作经历，可以进一步检索其承办的所有案件，熟悉其思维逻辑、办案习惯和风格在职业生涯中的变化，以建立起更加立体生动的人物印象，从而对其工作特点进行整体把控。

此外，了解、熟悉法官，并根据他的性格、思维制定特定的诉讼策略和方式，可以给法官一种舒适亲切的感觉，这也是很多律师的实践经验所证明的。既然律师需要有当事人思维，要懂客户，那么在诉讼过程中，也去了解办案法官吧。

三、诉讼场景

（一）一审中的法官思维

律师需要向法官提供的书面材料很多，包括起诉状、上诉状、答辩状、证据册、代理意见等，这些都是律师加工出来的"半成品"，法官采取"拿来主义"进行判断，属实则认定，不属实则不认定，有法律依据则肯定，不合法则否定。本节我们通过对诉讼场景的拆分来详细介绍在不同诉讼场景下，如何通过对法官思维模型的解读，深入理解不同诉讼阶段的法官思维，以找到在不同诉讼阶段化繁为简、选择诉讼策略的方法。

1. 程序性思维和终局性思维在一审中的运用

马克斯·韦伯说："现代的法官是自动售卖机，民众投进去的是诉状和诉讼费，吐出来的是判决和从法典上抄下来的理由。"

作为案件的起点，起诉状是当事人诉讼请求的载体，不仅涉及法律关系的选择、案件事实的概述，还蕴藏了律师诉讼策略的设计。更重要的是，起诉状框定了裁判边界，旨在法律层面实现当事人诉求、保护当事人利益。可见，起诉状的重要性毋庸置疑。

《中华人民共和国民事诉讼法》（2021年修正）第一百二十四条明确规定了起诉状应当记明的事项，而作为法官思维模型的点S，该点的核心就是诉讼请求，那么我们就从诉讼请求说起。

在我以往的办案过程中，拿到一个案件的起诉状后，首先会通过法官直觉来判断起诉状上的诉讼请求能否被支持，能支持多少。这是一种依非逻辑性思维所作出的预判断，不好说存在"偏见"，但的确属于法官的"前见"。而且，确实存在一些案件，法官一看便知准败诉。因此，如何制定诉讼策略，选择诉讼请求，是个妥妥的技术活，至少我们应当避免写出让法官一眼看到就认为支持不了的起诉状。

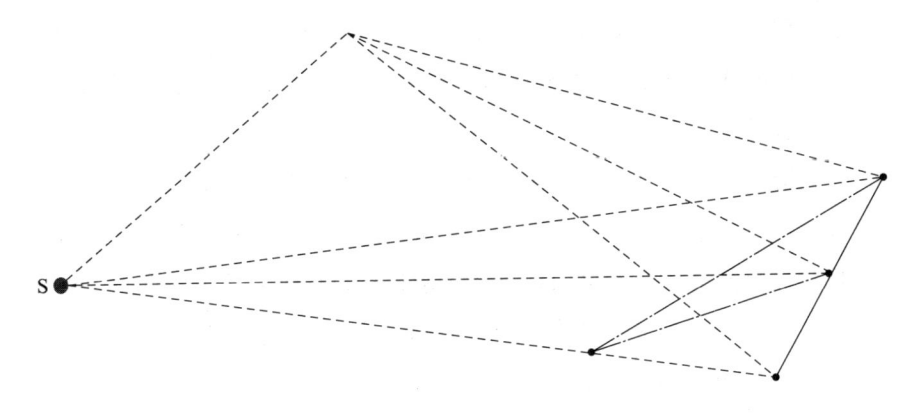

图38　法官思维模型——诉讼请求

但人们往往钟爱自己想出来的东西，并且极力证明它是对的，这一点有时很难纠正，即便已经证明是错的，也依然如此。所以，我们应当做的就是从一开始，就尽量让思维沿着一条较为合理客观的方向，在正确思路的引导下制定相应策略。

（1）诉讼请求的变与不变

① 诉讼请求的变

变，因案件起始于律师诉讼，同时又受限于案件本身。我们已经知道，法官思维模型中至关重要的点莫过于点S，即诉讼起点，也即审判起点，该点往往是律师通过升维视角进行战略性思考后，再以降维路径确定，并最终打响战役的第一枪。

点S的变，取决于案件的基本情况以及对基础法律关系的选择和确定。比如，同一案件中可能存在多种法律关系的竞合，也必然存在多种诉讼路径的选择，怎样才更有利于保护当事人利益，体现在诉讼请求选择的可变性中。

下面我们来看一个案例。

基本案情：A（买受人）与B（出卖人）签订了《商品房买卖合同》，约定A购买B所有的一套房屋，总价款150万元。房款支付方式为：合同签订之日A向B支付5万元定金，首付款20万元于合同签订10日内支付至资金监管账户。合同签订后，A支付了定金5万元，但由于B的不配合，资金监管账户未设立，导致房屋首付款始终未支付。一年后，房价上涨，B 通过微信向 A 发出解除合同通知，理由是 A 仅支付了定金，未支付房款，存在违约。

A 的诉求：请求 B 向 A 交付房屋，并办理房产过户登记手续。

通过法官思维模型对案件进行梳理和分析：由于 A 仅支付了 5 万元定金，房屋当时的市场价值是 150 万元，起诉时，房价翻番至 300 万元，此种情形下，在"权利义务对等"的大原则下，法院判决支持其诉讼请求的可能性极低。如图 39 所示。

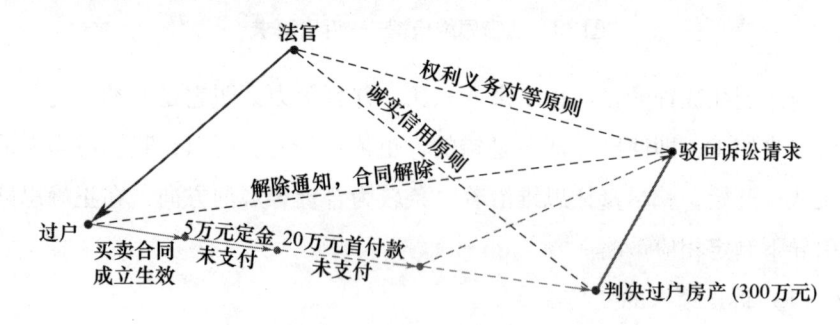

图39　法官思维模型——房屋买卖合同纠纷 -1

若仍坚持该诉讼请求，在零和博弈的裁判结果选择中，只能有一个判决结果。契合我们在本书中的陈述，诉讼请求的确定应当以终局性思维的视角来进行选择和设计。显然，该诉讼请求存在的问题是：要么完胜，要么完败，没有余地，而且完胜概率很小，且 A 到 C 之间是无法跨越的鸿沟。如图 40 所示。

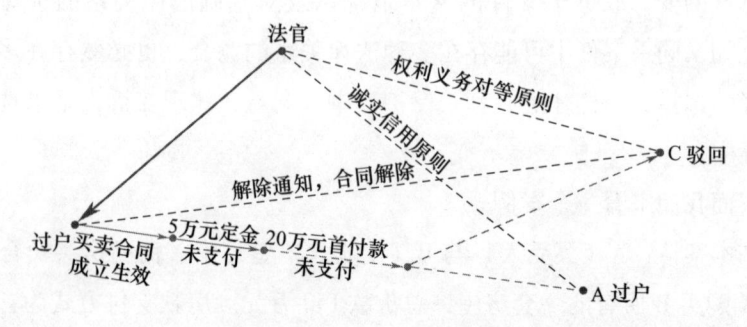

图40　法官思维模型——房屋买卖合同纠纷 -2

在本案的实际审理过程中,一审判决支持了原告的全部诉讼请求,二审裁定撤销原判,发回重审。可见,诉讼请求留有余地,才能有更多可发挥的空间。

本案中,A 的主合同义务是支付房款,但从合同实际履行情况来看,A 履行的支付义务仅占其全部合同义务的 3%,但对 B 来说,房产无法拆分,如果法院支持了 A 的诉讼请求,无异于 A 用微乎其微的履行行为交换了 B 的几乎全部主合同义务。因此,法院通常不会判决支持房产过户。此时,为确保案件顺利进行,律师可以考虑转换思路,重新挖掘当事人诉求,引导当事人改弦更张。

如图 41 所示,因 B 在合同履行过程中,存在违约,若以追究违约责任为由提起诉讼,被支持的概率可能大幅提升。与此同时,法官裁量的空间、律师报价的空间,都将在线段 AC 上有所体现,对当事人而言,既一目了然,又具说服力。若当事人采纳律师建议,改变诉讼请求,由"请求过户"变更为"请求对方承担违约赔偿责任",则更有利于减少诉累。

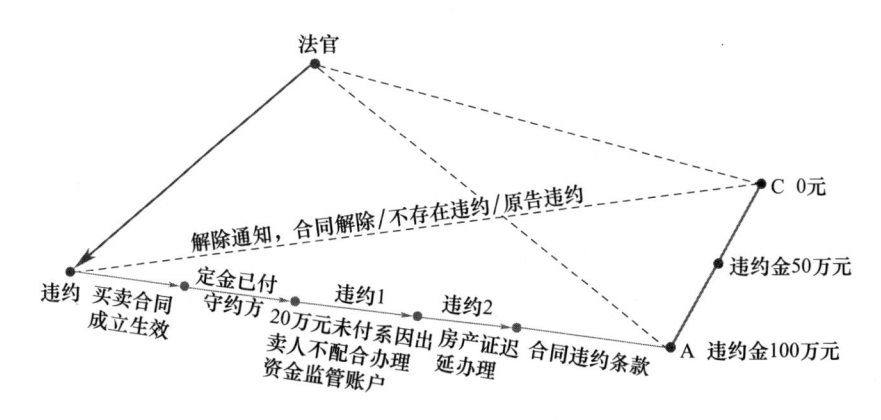

图 41　法官思维模型——房屋买卖合同纠纷 –3

由此可见,诉讼请求在设计之初,应当以终为始,由果推因,在变中求不变,精准选择。

② 诉讼请求的不变

相较于以终为始确定诉讼请求,以始为终,则恰恰体现了诉讼请求在诉讼程序中的不变。

当诉讼请求明确后，法官思维模型的假设前提即告成立，裁判边界和审判范围即已确定。

如前所述，在本案中，

若 S = 请求办理过户，则：A = 过户，C = 驳回。

若 S = 请求违约赔偿，则：A = 诉请的违约金，C = 驳回。

不难发现，C 始终是驳回全部诉讼请求，区别在于针对不同类型的诉，裁判结果是 A、C 间的博弈，还是 A、C 区间上的利益权衡。一个案件当中，必有一方观点是 C，那么这一方的请求，在整个诉讼程序中，是否保持不变？

前段时间遇到一个申请再审的案件，原告诉请双方房屋买卖合同无效，法院支持了原告的诉讼请求，二审予以维持。一审被告拟申请再审，在再审申请书中，申请再审请求出现了这样的情况，即：请求依法确认双方房屋买卖合同有效。

我们回到法官思维模型中来看，如图 42 所示，被告在一审中的主张是什么？是驳回诉讼请求，是 C。二审若上诉，请求是什么？依然是 C。因为在一个案件中，如果被告没有提起反诉，那么案件中只审理一个且仅有一个诉讼请求，即确认合同无效。假如法院依法审理发现合同有效，并不是判决确认合同效力为有效，而是驳回确认无效的诉讼请求。因而，即便驳回诉请等同于确认合同有效，依然不能在诉讼程序中出现"请求确认有效"的字眼。

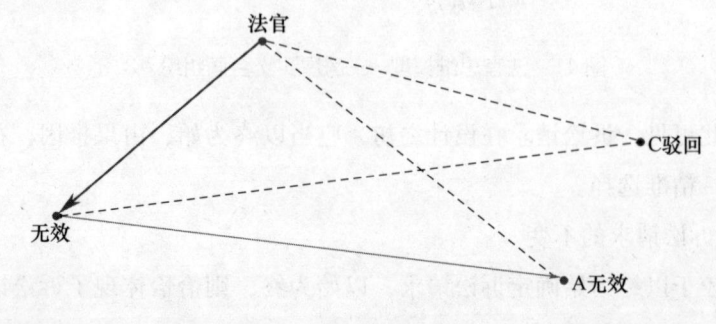

图 42　诉讼请求的不变

综合来看，在不同诉讼程序中，诉讼请求（点 S）一旦确定，除非存在其他诉讼回转的情况，诉请能否被支持，只有调整尺度的空间，没有产生多于 S 的新诉求的可能。比如：在法官思维模型中，A = 支持全部诉讼请求，C = 驳回全部诉讼请求，假如一审裁判结果是 B，若被告上诉，上诉请求依然是 C；若原告上诉，上诉请求可能是 A 或者 A - B。也就是说，只要 B 不等于 C，那么被告在二审及申请再审中的请求具有不可变性。

③ 变与不变的转换

该房屋买卖合同纠纷案件二审发回重审后，诉讼程序的回转给了律师一次求变的机会，但这位律师没有接到"上帝的电话"，继续迎难而上，注定无法反转。

事实上，由图 44 我们已经知道，选择第一种起诉方式，裁判结果只有两种，既然一审法院已将案件发回，那么维持原判的可能性几乎为零，也就是说继续坚持只有一个后果，即"驳回诉讼请求"。而根据《最高人民法院关于适用〈中华人民共和国民事诉讼法〉的解释》第二百五十一条"二审裁定撤销一审判决发回重审的案件，当事人申请变更、增加诉讼请求或者提出反诉，第三人提出与本案有关的诉讼请求的，依照民事诉讼法第一百四十三条规定处理"之规定，律师可以变更、增加诉讼请求，迎来成就图 41 的翻盘之机，在不变中求变。

总而言之，变与不变往往是相对的。如何善用程序，在不变中求变，在变中求不变，是法官思维模型的底层建构，也是法官思维模型在演绎推导中的假设前提。

（2）诉讼请求的大与小

① 问题的提出

笔者遇到一个案件，立案时出现了法官认为诉讼请求不是基于同一法律关系，要求去掉部分诉讼请求的情况。

具体案情：A 与 B 签订《××协议》，协议约定，A 向 B 支付 200 万元，用于代第三方向 B 履行支付款项的义务。为保证协议顺利履行，A 将其名下房产抵押给 B，并办理了抵押登记。协议签订后，A 履行了 40 万元支付义务后，拟撤销协议，故提起诉讼。

A 的诉讼请求如下：

其一，请求依法撤销双方于 2020 年 × 月 × 日签订的《××协议》；

其二，请求依法判令被告向原告返还已经支付的 40 万元；

其三，请求依法判令被告配合原告办理案涉房产的抵押权撤销登记；

其四，本案诉讼费由被告承担。

提交该起诉状立案时，法官认为根据诉讼请求 1 确定案由为合同纠纷，根据诉讼请求 3 确定案由为抵押权纠纷，认为不应属于同一法律关系。要求删除第 3 个诉讼请求才准予立案。

我们就来看看在本案中提出撤销抵押登记，是否属于返还义务的内容？就此问题讨论诉讼请求之间的关联性。

通常来说，在请求权基础比较明晰的案件中，法官思维模型的起点 S 较易确定。但若案情较复杂，涉及法律关系较多，如何选择诉讼请求，设计诉讼路径，才能尽可能在同一案件中实现当事人诉求，达到既节约诉讼成本，又减少当事人诉累的目的呢？

② 诉讼请求的"大"

民法典第一百五十七条规定："民事法律行为无效、被撤销或者确定不发生效力后，行为人因该行为取得的财产，应当予以返还；不能返还或者没有必要返还的，应当折价补偿。有过错的一方应当赔偿对方由此所受到的损失；各方都有过错的，应当各自承担相应的责任。法律另有规定的，依照其规定。"

根据上述规定，合同被撤销后的法律后果包括返还财产和赔偿损失。

a. 返还财产。

返还财产是在合同被依法裁判为无效或被撤销后，双方当事人在合同履行过程中都享有的请求对方返还自己投入的财产权，而接受的一方则依法负有返还的义务。要求返还的权利和应返还的义务，是指双方均应恢复合同履行前的状况而绝不是指未履行合同的损失。

b. 赔偿损失。

赔偿损失是指合同被依法裁判为无效或者被撤销后，合同双方当事人在合同履行过程中所遭受的损失。

结合具体案情，"因该合同取得的财产"除了被告获得的40万元外，是否还包括因保证协议顺利履行获得的房产抵押权呢？撤销抵押登记的诉讼请求与撤销协议的诉讼请求之间究竟应当拆分，还是应当合并呢？

我们不妨思考一下法律后果。如果诉讼请求只有1和2，法官在审理后，判决确认合同可撤销，因没有诉讼请求3，当事人只能就40万元的返还申请执行，对于当事人因履行合同所取得的房产抵押权，因为诉讼请求的缺失，故不可能成为被执行的内容。因此，当事人需要另行提起诉讼，这就导致本有可能一并解决的问题被拆分成两个诉讼。用法官思维模型来表示的话，将会在一个案件中出现两个本可以合并的法官思维模型。如图43和图44所示。

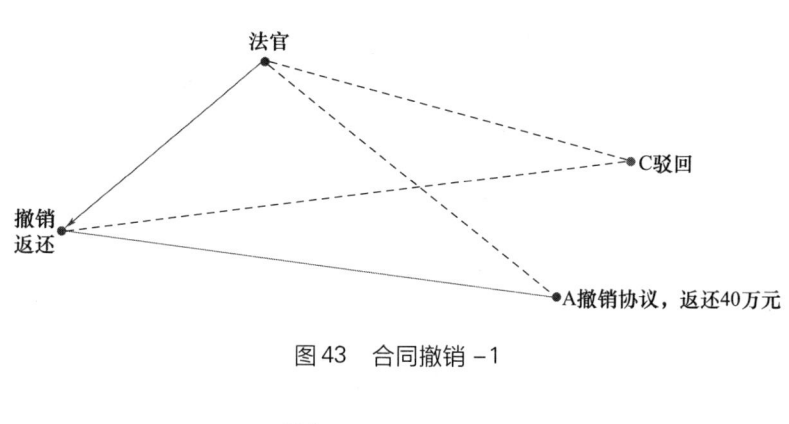

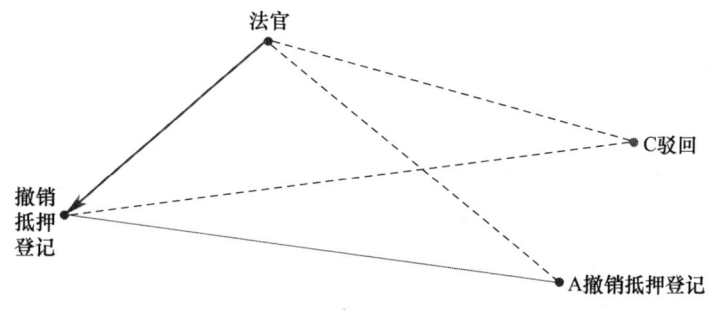

图43　合同撤销-1

图44　合同撤销-2

因此，诉讼请求的"大"，就表现在应当全面解决一个法律问题，充分考虑能够一并处理的法律后果，"一网打尽"。就本案来说，返还40万元和撤销抵押登记都是撤销合同后的从属义务，主从法律关系应当一并起诉，才能真正做到案结事了。

③ 诉讼请求的"小"

提个问题：诉讼请求之间应当是递进关系，还是选择关系？

我们上一节"谈判后法律意见书的制作"中举例的（钢材）买卖合同纠纷诉讼，起初，律师的两个诉讼请求是：

其一，请求被告继续履行合同；

其二，若不能支持其一，则请求判令被告赔偿原告×××万元损失。

本案中，客户实际需求是诉讼请求1，但对该诉讼请求进行分析后发现，诉讼请求1和诉讼请求2是选择关系，当诉讼请求1不被支持，就选择诉讼请求2。痛点在于：合同继续履行有无可能，如果已经没有履行的基础，那么诉讼请求1显然不会被支持，实属"形同虚设"。

对法官来说，审理诉讼请求1时，法官会充分考虑合同能否继续履行。据悉，如果合同有继续履行的可能和条件的话，双方就不会发生退款的事实，那么如此诉讼请求的设计和安排，会使得法官认为审理诉讼请求2可能是最佳选择。

将所有信息拆解为最小完整单元，转换为法官思维模型，如图45所示。选择诉讼路径就是寻找三角形的过程，而事实上就是寻找诉讼请求到诉讼结果之间的路径，将片段的折线拉成连续的直线。

民法典第五百七十七条规定："当事人一方不履行合同义务或者履行合同义务不符合约定的，应当承担继续履行、采取补救措施或者赔偿损失等违约责任。"继续履行合同和承担赔偿责任是并列的。因此，在诉讼请求中，不需要用选择关系，而是可以调整顺序，并列提出，这样法官在审理的过程中，会根据实际情况进行裁判。否则，既然当事人提出了"退而求其次"的诉讼请求，法官又"何乐而不为"呢？

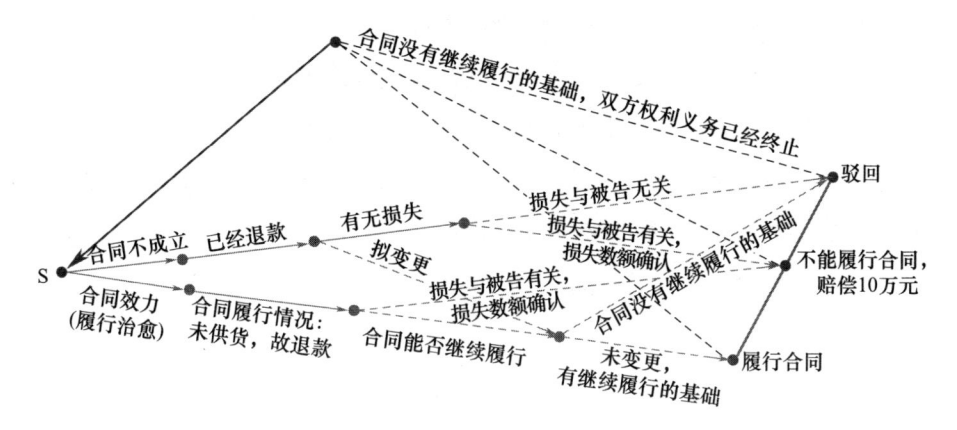

图45 （钢材）买卖合同纠纷——拆解最小完整单元

因此，诉讼请求的"小"，表现在集中，各个击破，找到解决不同法律问题的连接点。

（3）起诉状中的颗粒度问题

我们先来看一个问题：什么是颗粒度？从工科角度来讲，数据颗粒度就是用于表示某数据集组成的最小单元。从法官思维模型的角度来讲，就是如何确定点和线。诉讼请求是点S，事实与理由是线段SO（SA）。确定一条线只需要两点即可，但确定诉讼起点，需要精雕细琢。而从诉讼角度来看，颗粒度是关于书写《起诉状》如何"讨巧"的问题。

如何雕琢诉讼起点，应当以法官的终局性思维为切入点，设计精准的诉讼请求。而精准主要包括以下两个层面：

第一个层面：判决结果是否可执行；

第二个层面：判决结果能否被执行。

① 判决结果是否可执行

我们来看某合同纠纷案件。

原告诉讼请求（点S）为：请求依法判决被告履行双方签订的《××合同》。

法院判决结果（点A）为：判决被告依法履行双方签订的《××合同》。

从律师角度来看，诉讼请求被全部支持，案件胜诉。

判决生效后，原告申请法院执行案涉合同约定的被告应当履行的合同义务。结果却是，执行裁定书载明："该申请内容不是本案执行依据，不是一审、二审民事判决的内容，原告请求人民法院执行未经判决确定的内容没有事实和法律依据，依法应予驳回。"

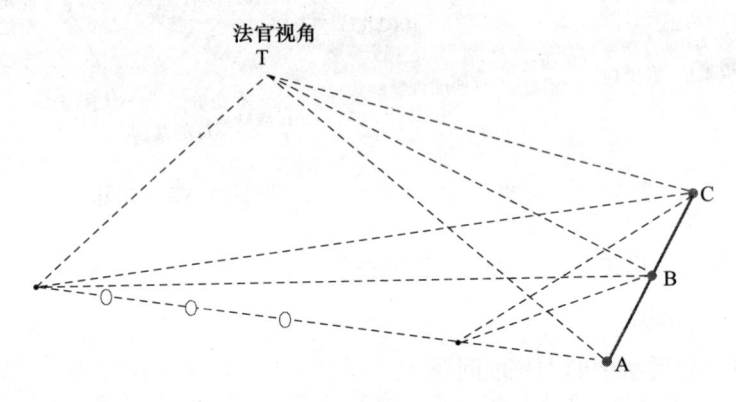

图46　法官思维模型——终局性思维

如图46所示，在执行阶段，人民法院的执行依据应当是线段AC上的某点：A、B或C。而该案之所以胜诉却未能执行，系诉讼请求既不具体也不明确，颗粒度过大所致。即便判如所请，亦未能实现当事人的真正诉讼目的，浪费司法资源和诉讼成本。

因此，诉讼请求是否具有可执行性是比诉讼请求能否被支持更为重要的层面。对诉讼请求的精准定位是案件成功至关重要的一步。只有通过自上而下的审视，以及对案件全局的把控和分析，才能在较小的颗粒度下，确立较精准的诉求，以实现更符合当事人诉讼目的的裁判结果。

② 判决结果能否被执行

说到判决结果能否被执行，我看到一些案件当事人只关注诉讼进程，却常常忽略案件执行后存在的其他问题。比如，申请执行后发现没有保全财产，申请执行的结局只能是轮候执行，或者可能根本看不到希望。

诉讼中最坏的结果不是败诉，而是看似拿到胜诉判决，最终却"竹篮子打水一场空"。提供了最坏的法律服务，浪费了司法资源。

此时，我们讲到的程序性思维就显得尤为重要，诉讼保全是对含有给付内容的诉讼中非常必要的手段，以防止拿到胜诉判决却执行不到财产的窘境。

综上，诉讼确保执行有依据；保全确保执行有结果。

③ 小结

所谓颗粒度，是将起诉状中诉讼请求和事实理由做一区分，目的是突出诉讼请求的重要性和极致性，以及事实与理由的逻辑性和条线性。

法律的作用是定分止争，法官的终局性思维决定了法官的裁判应当实现"案结事了"的法律效果。律师在设计和选择诉讼请求时，应当兼顾过程与结果，对案件胜诉后是否可执行和能否被执行做好充分论证。不仅要追求判决上的胜诉，更要追求案件的实质胜诉，实现保护当事人合法权益的终极目标，体现律师职业的终极价值。以终局性思维提升精确度，以程序性思维减少不确定性。

如图47所示：

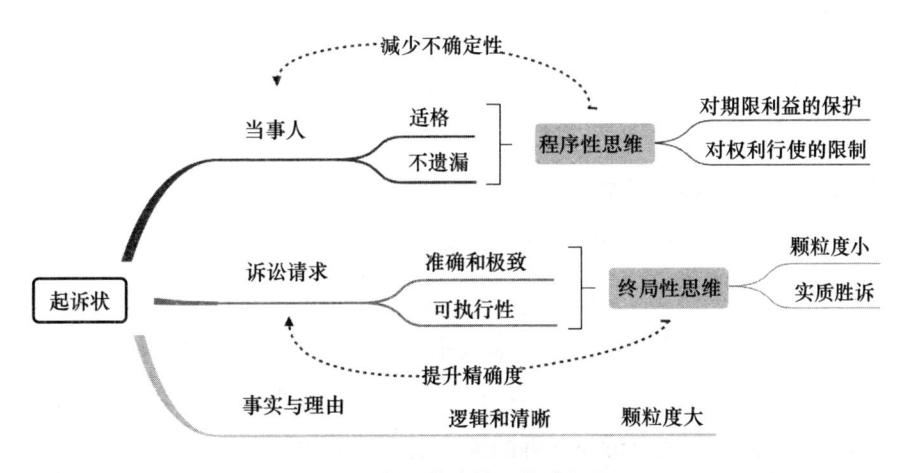

图47 起诉状中的颗粒度问题

第一，当事人的选择和确定，必须符合程序法及实体法中的程序性规定，适格且不遗漏，目的是减少在诉讼中因为程序问题而出现不确定性，导致程序反转。

第二，关于诉讼请求，必须合理运用终局性思维对全案进行分析，以确保诉讼请求的准确、极致，且具可执行性。虽然在法官思维模型中，诉讼请求仅是一个点，但正因为如何确定诉讼请求是律师启动案件至关重要的环节，所以该点直接影响案件走向，决定裁判边界，甚至直接影响案件成败。因此，起诉状中的乾坤都浓缩于点 S 中。

第三，关于事实和理由，颗粒度体现在表述方式和策略展现上，并直接影响起诉状的长度（法官通常不喜欢很长的起诉状）。事实与理由在法官思维模型中对应律师的诉讼策略，体现律师的诉讼逻辑。正因两点即可确定一条直线，事实与理由部分的重点应当是陈述事实和体现贯穿其中的法理依据。因此，颗粒度相较诉讼请求更大，重点在于逻辑，而非细节。

总之，作为诉讼的起点，"起诉状"应当是一份"诚意之作"，态度诚恳，用语专业，无论是在情感上、逻辑上，还是专业上，设法打动法官。让他的第一感觉或预判在非理性思维认知层面优先向你倾斜。如果法官认为律师的诉讼路径大致合理，基本会沿着这条路径往下走，这也正符合了韦奇定律。反之，当法官认为律师的思路有问题，或者在随后的庭审中，通过审查证据，结合对方当事人的抗辩、反驳等一系列诉讼行为，己方的证据可能又不够扎实有力的话，法官的裁判思路自然可能偏离律师预设的方向，甚至背道而驰。

2. 程序性思维和终局性思维对反诉的启发

与本诉不同，本诉的诉讼请求需要律师精心准备和设计，反诉则更具针对性，且有范围限制。《最高人民法院关于适用〈中华人民共和国民事诉讼法〉的解释》第二百三十三条规定："反诉的当事人应当限于本诉的当事人的范围。反诉与本诉的诉讼请求基于相同法律关系、诉讼请求之间具有因果关系，或者反诉与本诉的诉讼请求基于相同事实的，人民法院应当合并审理。反诉应由其他人民法院专属管辖，或者与本诉的诉讼标的及诉讼请求所依据的事实、理由无关联的，裁定不予受理，告知另行起诉。"如何提起反诉，不仅要考虑程序的需要，还应考虑案件的效率问题，因为反诉的诉讼费减半收取。当然也存在一些律师明知道反诉不成立，偏要走程序，拖时间，不排除诉讼策略上的缓兵之计，但也要考虑当事人的诉讼成本以及法官是否会很反感。如果不用提起反诉就能够保护当事人的利益，那么无须反诉，反驳即可。

如果要问反诉于法官来说是一种怎样的存在，那么无非是增加了一个需要审理的诉请，但是对律师而言，如何选择和权衡就是技术活。

我曾经办理过一个股权转让纠纷的案件，被告先后提出了三次反诉。

第一次，基于原被告双方存在借贷关系，主张将被告应当支付的股权转让款，通过原告的欠款予以抵扣。显然，该反诉请求违背了反诉与本诉的诉讼请求应当基于相同法律关系的规定，本诉的基础法律关系是股权转让纠纷，属于"与公司有关的纠纷"案由项下的三级案由，而被告提出的反诉则是基于合同纠纷项下，借款合同纠纷案由项下的四级案由，二者不属于同一基础法律关系。

第二次，被告又提出反诉："请求依法判令被反诉人返还全部抽逃的公司注册资金×××万元及利息"，当然，该反诉请求仍然会被裁定不予受理，因为被告的反诉请求属于股东出资纠纷案由，系抽逃出资纠纷，二者仍然不属于相同法律关系。

第三次，被告请求确认原告主张的股权转让合同无效，至此，才将本诉和反诉合并审理。

说到这里，相信大家已经看出，被告这一通折腾，加上上诉，至少一年过去了，从程序价值上来说，是徒劳的。因为在此期间，无论怎么做，已经无法改变案件事实；从情绪价值上来看，是减分的，因为对法官来说，案件拖得时间很长，被告显得"无理取闹"，是很容易对法官的裁判产生影响的；从专业价值上来看，是低效的，无论被告律师是真的没搞明白反诉应当如何提，还是故意为之，都是在浪费法官时间，对判决结果有百害而无一利。

不仅如此，这位被告的律师还在此期间申请法官、合议庭的回避，理由是未准予他的反诉，他几乎用尽了所有程序，导致案件不得不在拖了很长时间后才真正进入实体审理，即便如此，我认为被告并没有为其可能取得的胜诉作出任何有价值的努力。从法官思维的角度来说，这样的尝试和反复挑战法官底线的行为，只会让案件的结论背离其初衷，通常情况下，在原告没有明显瑕疵的情况下，原告"躺赢"的概率无形中变大。

因此，在反诉的过程中，律师也应当具备程序性思维和终局性思维。所谓程序性思维的应用，是指善用程序，而不是盲目拖延和程序用尽。反诉中的终局性思维是指要围绕其目的，选择适当的反诉或者反驳，以期实现终极目的——驳回原告的全部诉讼请求，支持被告的全部反诉请求。同理，因为反诉作为一个独立的诉，在合并审理时，亦是法官审理的范围，所以不能遗漏。被告律师在准备反诉的诉讼过程中，可以直接参照上一节的内容，将反诉作为一个诉（点S），完成法官思维模型的构建，设计对应的诉讼路径。

（二）二审中的法官思维

如果说一审是搭建诉讼逻辑和塑造裁判逻辑，二审则需要拆掉固有逻辑进行重建。

1. 法官逆向裁判思维的具体运用

前面我们已经分析过法官的逆向裁判思维，即法官运用逆向裁判思维，预测法律后果，拟定初步结论，思考裁判主文，分析建构事实，选择摆设法条。那么我们通过一个二审案件，来分析一下法官逆向裁判思维的具体应用。

（1）基本案情

《起诉状》内容如下：

原告：张某，男，汉族，196×年×月×日出生。

被告：××公司。住所地：××省××市×××。

第三人：陈某，系××公司法定代表人。

诉讼请求：其一，依法确认原告享有被告公司40%股权（2000万元，5000万元注册资本）；其二，诉讼费由被告承担。

事实与理由：200×年×月×日，原告与另外三人共同成立被告××公司，公司注册资本100万元整，其中，原告出资20万元，占该公司

20%的股份。后因经营需要，公司要求加大投入，原告实际占有××公司股份40%，未办理工商变更登记。201×年×月×日，陈某在原告不知情的情况下，伪造其签名，将其20%股权转至第三人名下。综上，原告在未签字的前提下，《股权转让协议》无效，应当享有被告公司的股东身份。

（2）一审判决

一审法院经审理查明：200×年×月×日，原告与其他三人成立××公司，注册资本100万元，原告实缴20万元，占该公司20%股份，并办理了工商登记。201×年×月×日，署名原告与陈某签订《股权转让协议》。××公司曾要求包括原告在内的所有股东增资，但证据显示公司随后将增资款退还所有股东，增资未成功。后××公司股东变更为刘某（占股50%）、王某（占股30%）、陈某（占股20%）。201×年×月×日，××公司注册资本由100万元增加至5000万元，登记注册的股东为：刘某65%、李某25%、陈某10%，三名股东均实缴增资。

一审法院认为：原告与陈某签订的《股权转让协议》不是原告本人所签，故协议无效，继而公司的数次增资因未通知原告，侵犯其作为股东的优先认缴权和知情权。对原告而言，该增资行为无效，对其没有法律约束力，不应以工商变更登记后的5000万元注册资本金额来降低其在被告公司的原持股比例，仍旧应当按照20%的股权比例在股东内部进行股权分配。

判决如下："一、确认原告为持有××公司20%股权的股东；二、驳回原告其余诉讼请求。"

（3）二审逆向裁判思维路径

后被告公司提起上诉。基于法官终局性裁判思维的特点，二审法官会优先思考一审判决结果并维持生效的法律后果，用法官逆向裁判思维分析如下：

第一步：法律后果预测

问题1："应当按照20%的股权比例在股东内部进行股权分配"？

经查，公司现任三名股东有其各自股权比例，合计100%。判决认为原告的股权比例应当维持不变，但对其他股东的股权比例却未作安排。预测法律后果：公司股权合计120%？

法官心语：

① 如何既维持原告持有的20%股权，又不侵害其他股东的利益？公司其他股东不是本案当事人，法院不能就其他股东与原告之间如何分配公司股权作出裁判。

② 原告起诉要求确认其持有公司5000万元注册资本下40%股权，是否可以认为原告对公司增资并无异议。根据法官不能超出诉讼请求判决的规定，一审判决认为增资无效，同时认定其应当按照原比例享有20%股权，我认为该判决存在超出诉讼请求之情形。

问题2：如何理解"公司数次增资对原告无效"？

法官心语：

一审法院认为公司数次增资对原告无效。那么对公司和其他股东是否也无效？如果是，公司是否需要减资？如果不是，原告的股权比例如何保证（回到上一问题）？法官判决20%股权看似是在100万元注册资本下，但判项未予明确，若以判项为执行依据，判决结果如何实现？

退一万步讲，假设可以执行，预测法律后果：原告在没有证据证明其实缴20万元后向公司履行过任何增资义务，却通过诉讼获得了2000万元出资所对应的股东权利，并不符合权利义务对等的原则。

故，本案一审判决逻辑不能自洽，判决结果无法执行。

这就是法律后果预测的结论。

第二步：裁判结论倒推

若以本案判项为执行依据，存在几个问题：一是直接变更登记，对内侵害其他股东利益；二是公司减资，对外可能侵害债权人利益。

法官心语：

关于股东资格确认标准应当坚持"内外有别"的原则。

在本案中，其他股东不是案件当事人，股权比例如何划分虽然仅是数学问题，却执行不利。而根据"对内应当坚持实质要件优于形式要件"的原则，应充分审查原告是否具有退出公司的真实意思表示，其股权是否已经实际转让等，而非仅因协议不是原告本人所签，就确认其仍然具有股东资格。

另，对外应当坚持形式要件优于实质要件，充分考虑公司债权人利益保护及公司的资本维持原则。

因此，审理公司纠纷案件时，不仅要考虑基本的案件裁判规则，更要把握司法对公司治理涉足的限度。

第三步：行为范式评价

在本案审理过程中了解到，虽然原告称《股权转让协议》非其本人所签，但在协议签订后的八年里，其从未参与过公司经营管理，亦未向公司主张过任何股东权利。种种迹象表明，原告虽未亲自签订案涉协议，但对于其已经退出公司的事实应当系明知。而在案件的进一步审理中，法官了解到被告将面临巨大收益，由此判断，原告的诉讼目的有违诚信，此时，原告的起诉难免给法官心证带来影响。这恰好符合了法官裁判思维中的价值判断，即通过斜面TAC的映射，对法官主观认定产生了直接的否定性的评价。

法官心语：

时隔多年，本案证据缺失，当初各方是否达成合意，代签协议是否有授权或明知，需要法官在厘清案件事实的基础上，结合价值判断认定案件的法律事实。诚然，本案中股权转让协议并非原告所签，各方对此亦无争议，一审法院遂认定该协议无效似无不当，但如前所述，案件产生的后果未必适当。

试想，如果原告的诉讼请求不是确认之诉而是给付之诉（赔偿），结果会怎样？

第四步：思维程式固定

公司纠纷案件的审理理念是鼓励公司自治，在保护债权人利益的同时维持公司运营的稳定性，如果以审理合同案件的理念审理公司案件，盲目"恢复原状"，必将导致现实困境。

法官心语：

有限责任公司股东是否通过股权转让的方式退出公司，不仅应当审查各方当事人协商一致所形成的股权转让协议，亦应审查股权工商变更、股权转让款的支付与收取、股东权利的行使等相关事实，综合作出评判。即有限公司股东的股权转让是否有效，不仅应当审查股权转让协议是否系各方当事人签名一致的形式要件，更应审查股权是否系已经发生实际变更的实质要件。

因此，一审判决结果错误，应当予以改判。

综上，法官不仅要依据事实和法律查清案件，还应通过个人经验、价值判断，结合法律原则，对法律事实进行恰当认定，对案件结果作出合理预判，对当事人行为给予适度评价，捍卫法官维护社会公平正义的终极职责。

2. 法官逆向裁判思维对律师上诉的启发

如图48所示，将该股东资格确认纠纷用法官思维模型表示，点S是诉讼请求，线段SA是原告的诉讼路径，全案胜诉的结果是点A：原告享有公司40%（2000万元，注册资本5000万元）股权。全案败诉的结果是点C：驳回原告全部诉讼请求。一审法院的裁判路径是斜面TSB，判决结果是点B：原告享有公司20%的股权。

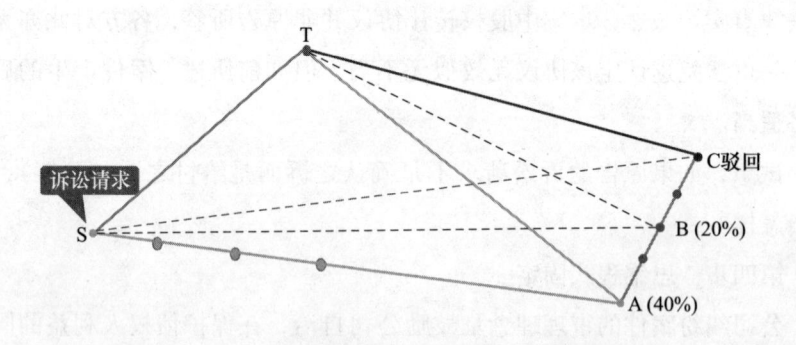

图48 法官思维模型——股东资格确认纠纷

法官的逆向裁判思维秉持后果实用主义，通过前述分析，二审法官的审理视角是：

第一步，一审判决结果点 B 是否正确；

第二步，底层逻辑线段 SB 是否合理合法；

第三步，上诉理由是否成立，确定判决结果与诉讼目标之间的差距 AB/BC 是否适当。

对应到律师视角，如图 49 所示：

一是否定一审判决结果点 B；

二是否定一审裁判的底层逻辑线 SB；

三是补强 SA/SC，使 TSB 向 TSA/TSC 靠近，最终实现 B = A/C。

由此可见，只有先将一审裁判的逻辑闭环面 TSB 打破，才有可能在二审中重构逻辑闭环面 TSA/TSC，实现上诉目的。

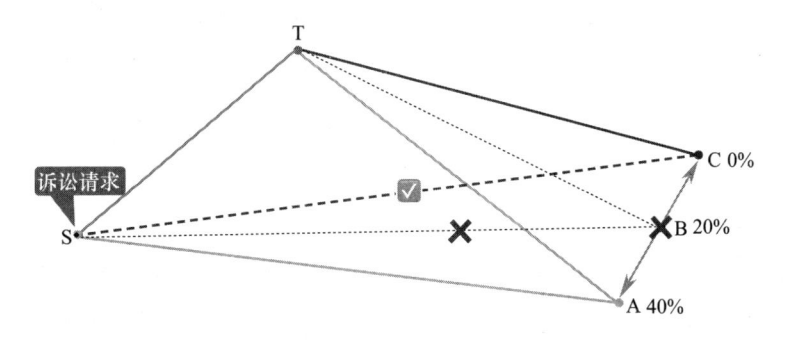

图 49　法官思维模型——上诉逻辑

本案中，按该模型整理上诉理由如下（以一审被告××公司上诉为例）：

第一，（B×）一审判决结果错误。

被上诉人自始至终未缴纳 5000 万元注册资本中 20% 股权的相应对价，上诉人公司章程、股东名册、工商登记均未记载被上诉人具有股东身份。一审判决认定被上诉人持有上诉人 20% 股权，既不符合取得股权应交付对价的实质要件，亦不符合具有出资记载和证明的形式要件，该判决结果有损工商登记的公示效力，且无实际执行之可能。此外，被上诉人多年来从未履行过股东义务，亦未主张过股东权利，不符合确认公司股东资格的实质要件。而且，在上诉人即将面临拆迁之时，上诉人主张其股东身份的行为有违诚信。

第二，（SB×）一审法院认定增资行为无效没有事实和法律依据。

上诉人于201×年×月×日依照法定程序进行增资，是公司意思自治的体现，且公司股东均已实际缴纳增资款，不存在无效之情形，增资行为应当认定为合法有效。

第三，（SA√/SC√）被上诉人要求确认其持有上诉人股权没有事实和法律依据。（略）

上诉人增资行为合法，不存在无效情形。代被上诉人签订《股权转让协议》是为变更登记所为，被上诉人转让其股权意思表示真实，不存在违反其真实意愿之情形。

综上，被上诉人不再是上诉人的股东，不具备股东资格。

通常情况下，正向裁判思维模式是就案论案，无案外因素的影响。而逆向裁判思维是拟定判决结论、通过结论选择罗列事实、摆置法条。虽然逆向裁判思维所得结论是通过后果考量并可能依靠直觉得出，但形式上还是表现出通过逻辑推理得出结论。

在本案中，拟定的判决结论是发回重审，或改判为驳回被上诉人的全部诉讼请求。罗列的事实是，股东资格的确认方式，形式要件和实质要件应当相结合，综合认定其已经退出公司股东身份。随后摆置法条，形成判决。

3. 程序性思维对重启诉讼的裨益

（1）基本案情

《起诉状》内容如下：

原告：××公司。

被告一：YY公司。

被告二：张某，系YY公司法定代表人。

我方为被告的代理人。

诉讼请求：一是请求依法判令被告一向原告偿还1亿元借款，并以年息6%为标准支付自起诉之日起至实际清偿之日止的利息；二是被告二对上述债务承担连带清偿责任；三是案件诉讼费由二被告承担。

事实与理由：

××年×月×日，被告一向原告借款1亿元，原告履行了支付义务，该借款至今未偿还。张某系被告公司的控股股东、实际控制人，应对借款承担连带责任。

作者点评：

该起诉状中"事实与理由"部分过于简单，根据前面讲述的内容，虽然我们说该部分颗粒度相较于诉讼请求更大，但此处颗粒度过大，对于如何转账、为何转账，均未概述。

（2）一审判决

本案争议焦点为：其一，原告与被告一之间是否存在1亿元借贷关系，应否偿还；其二，被告二应否承担连带责任。

关于焦点一：

原告于××年×月×日给被告一转款1亿元，双方并无争议。该转款记录上虽然记载付款用途为借款，被告一记账凭证上记载为应付款，但被告并不认可双方存在借贷关系，而是代付给案外人的融资成本，本应由原告支付。故对该笔款项的性质应从是否有借贷合意及款项用途综合评定。

××年×月×日，原告与被告一为某项目公司融资需要，分别将所持项目公司50%和48%的股份以5000万元和4800万元价格转让给案外人，并将该9800万元作为股东借款，用于项目公司开发。××年×月×日，项目公司股东会作出决议，同意案外人持有的项目公司98%的股权以9800万元转让给被告一，仅表明项目公司98%股权对应9800万元注册资本，并未明确股权转让价款。同日，案外人与被告一签订项目公司股权转让协议，约定案外人将其持有的98%股权转让给被告一；双方另行约定股权转让价款、支付方式和期限。前述事实证明98%股权对应出资额为9800万元，股权转让价款及方式双方另行约定。后案外人与原被告及项目公司签订协议书，约定被告一以19800万元受让案外人持有的项目公司98%的股权。

被告一后于××年×月×日实际履行该股权转让协议，支付19800万元，资金来源为原告转账的1亿元和项目公司的9800万元。也就是说，股权转让协议明确约定被告一股权回购款为19800万元，并已实际履行。上述协议约定事项为项目公司股东之间的股权转让问题，后续股权回购的主体应是原被告，故股权转让款的支付主体也应该是原被告。但实际股权回购时，原告同意由被告一一并向案外人回购股权，双方之间的权益另行协商。既然股权回购主体和股权转让款支付主体是原被告，被告一辩称应当由项目公司支付19800万元，就没有合同和事实依据，也与上述协议约定和实际履行情况不符。虽然其中9800万元来源于项目公司，但该9800万元系原被告向项目公司提供的股东借款，被告一收回该9800万元支付股权转让款，仍属原被告支付的股权转让款范围。至于原告支出的1亿元，从上述事实可以认定，被告一回购案外人持有的项目公司98%股权的回购价款为19800万元，超出原9800万元的1亿元应属于股权溢价款，被告一辩称该1亿元属于项目公司应支付的融资成本，没有合同依据，且项目公司的注册资本只有1亿元，在被告公司未举证证明项目公司当时存在可分配利润且履行了股东分配利润正当程序的情况下，也有违《中华人民共和国公司法》第三十五条"股东不得抽逃出资"的规定，其该主张不能成立。

××年×月×日，原被告签订股权转让协议约定，被告一将其持有的项目公司99%的股权转让给原告，转让后原告持有100%股权。其中51%的股权转让款支付了相应对价。鉴于被告一受让案外人98%股权时，其中9800万元由原、被告留置于项目公司的股东借款抵付。为此，原告无须再向被告公司支付其48%的股权款。从以上事实可以认定，原告再次取得项目公司48%的股权时，除了从项目公司支出其4800万元股东借款外，并未支付其他对价，实质为无偿受让。而被告一从案外人回购项目公司98%股权时，除了实际从项目公司出资9800万元外，另行支付了1亿元的股权溢价款，该1亿元股权溢价款中包含无偿转让给原告的48%股权部分，故原告应当承担相应48%股权部分的溢价款。鉴于被告公司支付给案外人的

1亿元股权溢价款来源于原告,故原告转账给被告一的1亿元,扣除原告应承担的48%股权部分溢价款,超出部分应属于原告为被告一回购50%股权部分溢价款支付的垫付款,而非单纯的借款关系。由于被告一后将50%的股权有偿转让给原告,原告支付给被告一的相应50%部分股权溢价款垫付款,被告一应予返还。返还数额为5102.04万元。

至于原告主张的利息问题,原告自愿为被告一垫付款项,并未约定利息也未约定还款期限,且未明确约定该款项的性质及承担方式,导致双方对款项性质的理解不一而产生诉讼,双方均有责任。对原告的利息主张,本院酌情从原告起诉之日起至被告一实际付清之日止,以5102.04万元为基数,按全国银行间同业拆借中心公布的贷款市场报价利率计算,支持部分资金占用费。

关于焦点二:(本文省略)核心为证明被告一与被告二人格混同的依据不足。

综上所述,原告的部分诉讼请求成立,一审法院予以支持。依照原《中华人民共和国民法通则》第八十四条、第一百零八条的规定,判决如下:"一、被告一于本判决生效后10日内返还原告5102.04万元及资金占用费(自原告起诉之日起至被告一实际付清之日止,以5102.04万元为基数,按全国银行间同业拆借中心公布的贷款市场报价利率计算);二、驳回原告其他诉讼请求。"

将上述案例转化为法官思维模型,如图50所示。

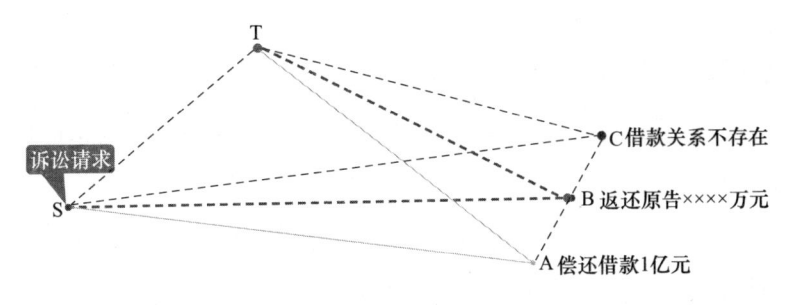

图50 借款合同纠纷

于被告而言，只有通过上诉，才有扭转乾坤的机会。而在本案中，双方证据都不扎实，被告更是略显被动。此时，如果在实体上没有足以推翻一审判决的理由和依据，应当先寻找程序上的漏洞，争取发回重审，获得重启之机。

与实体上"逆风翻盘"所不同的是，在实体上，律师需要针对一审判决的裁判逻辑；而在程序上，律师需要寻找突破口，以确认程序违法。民事诉讼法第一百七十七条第（四）项规定："原判决遗漏当事人或者违法缺席判决等严重违反法定程序的，裁定撤销原判决，发回原审人民法院重审。"本案的突破口是超出诉讼请求判决。

（3）上诉理由——本文仅对该部分程序问题进行分析。

第一，本案案由是借贷纠纷，一审法院在事实认定和本院认为中表明，未能查明双方存在明确的借贷关系，而是双方对于股权溢价款的支付行为。

第二，既然是支付股权溢价款，应当属于股权转让纠纷，不属于本案审理范围。

第三，一审法院的第一个焦点问题是，双方是否存在1亿元借贷关系，那么只有在双方借贷关系成立并实际存在的前提下，才存在上诉人向被上诉人偿还之情形，若认定为其他法律关系，应当改判为驳回被上诉人的诉讼请求，或发回重审，向当事人释明，变更诉讼请求，明确基础法律关系。而一审法院在审理借贷法律关系的情况下，作出了股权转让法律关系的判决。

在本案中，诉争点是双方是否存在借贷关系。一审判决对此认定为垫付款，款项性质认定为股权溢价款。即便是垫付，是否就等同于借贷？还是公司股东之间的投资安排？并未厘清。

本案中，一审时被告对证据的整理不够明晰，没能较好体现当事人的主张，此种情形下，重整旗鼓，争取重来一次的机会比二审判决作出后再通过申请再审救济的方式赢面更大。

如图51所示，用法官思维模型表示，我们"暂时抛开"前面讲过的诉讼策略、裁判逻辑、思维回转路径等，重点关注如何"简单粗暴"地从点 B 回归起始点 S，既是"缓兵之计"，更是重启之机。

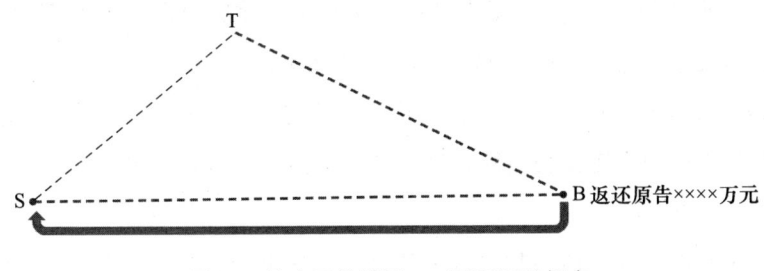

图 51　法官思维模型——回到诉讼起点

4. 增加二审维持的难度以寻找逆风翻盘之机

（1）基本案情

原告：王某。

被告：张某、刘某。

诉讼请求：

其一，请求判令二被告向原告返还本金 2100 万元；

其二，请求判令二被告支付自 2018 年 4 月 5 日起至实际清偿之日止的资金占用费（以本金 2100 万元为基数，按照每月 1% 的标准计算）；

其三，诉讼费、保全费均由被告承担。

案件基本事实：

2017 年 4 月 5 日，王某与张某、刘某签订《定期投资理财协议》，委托张某、刘某投资理财，以求获得较好的投资理财收益。协议约定：本协议有效期为一年，每笔定投资金从实际到账日起算，分笔按实际投资天数和约定收益率结算。协议定投本金为每月肆佰万元人民币（400 万元），张某、刘某承诺为王某每笔日均资金投资实现 12% 的年化固定收益率，如未实现其承诺的固定收益，二人足额弥补。

协议签订当日，王某向××证券账户转入资金，张某、刘某出具《收款回执》，证明王某已经依约履行了首笔 400 万元的定期理财投资。随后，王某又按月足额转入定投资金，共计 3600 万元整。

一年后，案涉协议到期，但张某、刘某未向王某返还本金及支付收益，且王某××证券账户客户持仓资产情况分析显示：截至案涉协议到期之日，王某××证券股份有限公司的股票账户中总资产数额为 31070619.32 元。后张某、刘某分三笔向王某支付资金收益 288 万元。

2019 年 3 月 25 日，王某股票账户的股票被全部卖出。次日，张某、刘某自证券账户向王某银行账户转入前日卖出王某所有股票后的资金。

（2）一审判决

一审法院认为：原告与二被告签订的《定期投资理财协议》约定：原告将其 3600 万元资金委托二被告在一年内管理投资于证券金融市场，并约定按期支付给原告一定比例的收益。另，双方约定资金账户由原告管理，密码由其设置，证券账户由二被告管理并设置密码。按照法律规定，凡是具有独立民事资格的自然人都可以作为合同双方签订委托理财合同。原告与二被告之间签订的为民间委托理财合同，系委托代理的法律关系，且双方所签订的合同并不违反强制性、禁止性法律规定，具有完全民事行为能力的自然人作出的真实意思表示。故该委托理财是合法有效的。

根据双方合同约定，二被告承诺为原告每笔日均资金投资实现 12% 的年化固定收益率，如不能实现，由二被告足额弥补；同时，二被告实现固定收益后的全部利润，资金管理费在交易结束日由二被告提取。二被告按照合同收益支付原告收益 288 万元，已经履行了支付固定收益率的合同义务。对于原告要求二被告返还 2100 万元本金，系对二被告保本的要求，但双方在案涉协议中并无保本条款。原告知道或应当知道委托理财合同存在风险，故不予支持。

对于原告要求二被告支付资金占用费，因双方系委托关系，合同期限届满至全部股票卖出之日止的利息应予支持。根据《中华人民共和国合同法》第五条、第六十条、第一百一十三条、第一百一十四条之规定，判决如下："一、被告张某、刘某于判决生效后三十日内给付原告 2018 年 4 月 5 日至 2019 年 3 月 26 日利息（以 2100 万元为基数，以每月 1% 计息）；二、驳回原告其他诉讼请求。"

（3）上诉重点

本案焦点问题是案涉协议是否保本。

根据最高人民法院指导意见，委托理财合同在合同内容方面通常订立有保底收益条款。亦有相关案例显示，法院应通过协议内容认定相关约定是否具有保底条款的法律性质。经检索，本案二审法院对于没有"保本"字样的委托理财合同几乎未有支持。虽然通过对双方权责的分析，该协议约定的权利义务对等，结合案涉协议的文义并结合合同其他条款来看，可以确定张某、刘某兼有使用王某资金获得高额投资收益的性质，且其二人作出的保证王某投资不受损失以及固定年收益的承诺，与其使用王某资金进行投资收益间具有对价关系。

用法官思维模型表示，如图52所示，点B是一审判决结果，垂面TSB构成一审法院的裁判逻辑。如果把点B看作支点，我们分析一下点B存在的问题。

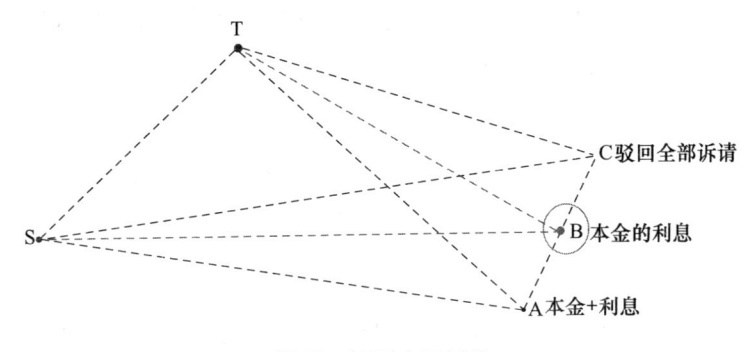

图52　理财合同纠纷

（4）上诉理由

如图52所示，点A为：原告的诉讼请求——本金及相应利息。

点B为：原告无权主张本金，但判决被告向原告支付本金的利息。

点C为：驳回全部诉讼请求。

利息是资金时间价值的表现形式之一，从其形式上看，是货币所有者因发出货币资金而从借款者手中获得的报酬。因此，如果按照利息的定义来看，利息的计算基数应当是原告所有的资金，既然利息应当归原告所有，为何产生利息的本金不应归原告所有？

故点 B 存在几点逻辑问题：

第一，一审法院不支持保本的本金，却在该保本的本金基础上计算了资金利息；

第二，如果法院认为被告在判项的时间区域内占用了原告资金，那么此区间内的实际占用资金与保本的本金并不相符；

第三，协议承诺的收益保障和资金利息是两个概念。

由此，我们选择的上诉理由如下：

其一，一审法院认为案涉协议无保本条款，却以保本的本金作为利息计算基数。一审法院判决被上诉人向上诉人支付利息的基数为 2100 万元，即被上诉人欠付上诉人的剩余本金。这与一审法院"双方没有保底约定，案涉协议不具有保本性质"的认定矛盾。

其二，一审法院判决被上诉人支付上诉人自 2018 年 4 月 5 日起至 2019 年 3 月 26 日止的利息，就应以该区间内被上诉人占用的并应当或已经返还给上诉人的本金为基数。经查，2018 年 4 月 5 日至 2019 年 3 月 26 日，被上诉人共向上诉人支付了 1475.01 万元，而非 2100 万元。由此可见，一审法院以 2100 万元为基数，实际是认定 2100 万元为被上诉人实际占有上诉人的资金数额，即保本的本金。

其三，通过对案涉协议双方权利义务关系的对比可以明显看出，当事人权利义务对等。案涉合同签订的目的为：被上诉人通过多年证券从业经验，利用上诉人每月定投的资金，为上诉人投资理财，管理上诉人的证券账户，上诉人作为回报，允许被上诉人提取确保实现固定收益后的全部利润。

其四，从法律关系特征角度分析，在有偿委托关系中，受托人通过处理委托事务获得的对价是委托人支付的报酬，即本案中协议约定的管理费。被上诉人承诺：为上诉人实现 12% 的年化固定收益率，如不能实现，则由其足额弥补。该约定将投资风险分配给被上诉人，而上诉人不承担投资风险并获得固定利润，其法律性质应当认定为保底条款。此外，在民间委托理财协议中，通常是通过文义及双方的约定来确定是否存在保底条款，并非仅依照协议中是否明确标注"保底条款"的字样。

其五，从合同主体的缔约地位平等性角度来看，被上诉人作为多年从事证券投资的专业人员，具备专业的投资理财经验及知识，对本案委托理财经营中的信息及风险应具备理性的判断能力，应当而且能够预见到可能发生的投资损失。相比较之下，上诉人并不具备优势地位，并不会对被上诉人作出合同承诺施加不当影响。

综上，上诉人与被上诉人将利益及损失在当事人之间进行分配，形成保底合意，约定风险由被上诉人承担，收益归双方分享，当事人的权利义务关系实质上具有均衡性。

(5) 小结

案涉协议系典型的民间委托理财合同。委托理财合同是商事合同，与民事合同有一定区别，特别是与委托合同相比具有自身的特性，不宜将委托合同委托人承担事务后果的一般原则，作为判定民间委托理财合同中保底条款效力的原则。

本案中，被上诉人是专业从事投资的工作人员，其对股市的风险具有高度认知，案涉协议又赋予其独立操作的权力，故协议中关于保底条款性质的约定彰显了权、责、利的一致性，并未导致当事人之间权利义务的严重失衡。故此，案涉协议不仅合法有效，而且当事人之间有"保本"的真实意思表示，应当认定案涉协议为有保底条款约定的民间委托理财合同，本金应当予以返还。

本案上诉理由的选择仅是一个取巧的方案，未必适用所有案件。从法官思维模型的角度看，面 TSB 是法官的裁判逻辑，当点 B 在线段 AC 上移动时，不仅会改变裁判结果，还将直接影响裁判逻辑。因此，作为二审上诉的支点，至少可以撬动一审判决结果被维持的合理性。

当然，就本案而言，如此上诉也会存在风险。虽然说在逻辑上指出了一审裁判存在的漏洞，但如果二审法院是在不保本的基础上作出裁判，将面临资金占用费计算基数减少的问题。

（三）申请再审中的法官思维

申请再审程序是我国诉讼程序中极为特殊也极为重要的一环，是当事人申请法院对已经发生法律效力但有重大瑕疵的裁判，启动审判监督程序，对案件进行再次审理的非常途径。因其特殊性的存在，相较于一、二审普通救济程序而言，再审程序若被频繁启动，势必导致"终审不终"，降低诉讼效力和效益，有损既判力和司法终局性。因此，启动再审必须慎之又慎，其基本原则是：有错必纠，但"纠错不纠偏"。

众多律师和新晋法官，常常困惑错和偏的界限在哪里？我们尝试通过分析法官在申请再审程序中的审判思维，来讨论和解析律师在此类程序中应当具备怎样的诉讼思维，才能更好地在该程序中展示专业水准，提供优质服务。

1. 平衡思维

法官在办理申请再审案件时，至少需要平衡三种关系：

第一种关系是维护司法权威与牺牲司法效益之间的平衡；

第二种关系是保护当事人权益与启动再审程序之间的平衡；

第三种关系是当事人之间利益与申请人心态的平衡。

第一种平衡既包括对错误案件的必须纠正，也包括对正确案件的坚决维护。虽说启动再审程序意味着要在同一案件上重复投入司法资源，与效益原则不符，程序的安定性被破坏，但是，消除错误裁判，是维护司法权威所必须付出的代价。同样，如果生效裁判正确，法官亦应坚决维持，维护两审终审的审判制度和经过诉讼程序所确定的既判力。

维护司法权威表现在维护正确的既判力，牺牲司法效益则是为了修正错误的既判力。虽然说司法的本质属性是判决的终局性，但判决有正确和错误之分，再审程序就是对存在重大瑕疵的生效裁判予以修复的过程，即便其本身具有"反程序"特性，也是在极其例外的情况下修正"不完善的程序正义"。

第二种平衡主要是针对存在一定瑕疵的案件，究竟是纠正后维持，还是纠正后改判，亦或是直接维持？微妙的界限在哪里？

总体来说，一个案件主要包含两个层面：法律层面和现实层面。如果在法律层面出现错判，应当不遗余力纠正。若是基于现实层面的考量，可能会存在一定难度。如一、二审法院适用原则作出裁判，或从现实角度出发，选择了较为平衡、社会影响较小的裁判结论，此种情况下，上级法院通常也会从现实维度权衡启动再审的必要性和可行性。

多数情况下，当事人申请再审，总是希望上级法院可以"洞悉"案件真相，还其公道。如果人民法院启动再审程序，只改变裁判的形式结果，却无法改变裁判的实质效果，治标不治本，无异于给了当事人丰满的理想，还了当事人骨感的现实，是对申请人败诉心态的"雪上加霜"和对司法资源的"不理性挥霍"，不仅对平和当事人心态无益，更是对司法权威的贬损。因而，法院需要严格控制再审改判率，同时还要平衡好第三种关系。

第三种平衡是当事人之间利益与申请人心态的平衡。

申请再审程序中的申请人，往往是在生效裁判中利益失衡的一方，当事人若是带着极大的期许，只收获了"热闹"，品尝了"寂寞"，如何平复失衡的心态？这也是法官和律师被投诉风险增加的因素之一。因此，安抚当事人情绪不仅是法官，也是律师需要重点考虑的。尤其是作为律师，在准备代理案件时，不仅要了解案件本身，还需要了解当事人心理。如：当事人申请再审的目的是什么？造成矛盾的症结在哪里？是法律层面，还是现实层面，或是心理层面？因此，管理和分析当事人申请再审的真正诉求，是律师代理案件时必须深入掌握的，因为帮助当事人解决问题才是关键。

就案件本身而言，法理问题是较易解决的，但在申请再审程序中，天平的两端未必是均衡的，如何权衡和判断"偏"的存在属于错误范畴，还是瑕疵范畴，需要律师智慧并助法官一臂之力。特别是当律师接到案件，进行条分缕析后，首先应当寻找申请再审的角度，再预判再审可行性的程度，与此同时，做好平衡当事人心理的预备工作。有些案件中，律师或许通过引导当事人选择适当的调解方式，以退为进，平衡双方利益，尽快解决纠纷，及早案结事了，是对当事人申请再审结果的全新解读。如（2018）陕民申 999 号案外人执行异议之诉申请再审案件，重新定义申请再审的价值，哪怕只是法官在驳回裁定中对当事人可在另案中寻求救济留一个出口。就该案而言，若是从执行回转的角度考虑，启动再审不具备可行性。但若能在裁定书中给当事人一个出口，一个方向，也不失为妥善平和当事人心理的办法。

2. 窄门思维

由于我国申请再审案件无须缴纳诉讼费，输入门槛较低，大量案件涌入高级人民法院、最高人民法院。又因其纠错不纠偏的特点，导致输出门槛较高。因此，案件增长率与再审启动率成反比，就好比一个大肚子的小漏斗，只有当律师具备窄门思维，才能在矛盾的"夹缝"中找到突破口，既获取收益，又提供满意的法律服务。

对当事人而言，由于此类案件易于申请，容易对诉讼程序形成"三审终审"的误解。但对律师而言，深知申请再审案件的本质是"宽进严出"，尤其是我国民事诉讼法及其司法解释更是对再审程序进行了严格的技术限制，从期间、再审事由以及对再审事由的审查等多方面加以明确规定，民事诉讼法第二百零七条再审事由的明确与苛刻更是体现了再审启动的难度与法官裁量的尺度。因此，律师要想在申请再审案件中启动再审，无异于选择了窄门。而当你选择窄门，就意味着你可能要从零开始，为用户创造"新"的价值。

窄门思维于法官和律师是有本质区别的。大是大非面前，几乎没有争议，但就中间地带而言，基于法官认识的不同，以及和律师作为代理人出发点的差异等因素的考量，这个"中间地带"往往有可能成为法官是否启动再审的犹豫空间，也是律师与法官能否碰撞出思维火花的"华山之巅"。

如果说法官的窄门思维体现在只对错案启动再审，那么律师的窄门思维就应当是说服法官认可自己的观点，不仅是协助法官梳理和解析错案，更应将"偏"案有理有据地解读为错案，并获得法官认可。如果说在一、二审中，律师是法官的助手，协助法官梳理案件事实及法律关系，作出合理合法的裁判；那么在申请再审阶段，律师应当想办法让法官成为你的"助手"，认同你找到的窄门出口，只有这样，才有可能启动再审，实现通过窄门的诉讼目标。

我们将前两种思维概括一下：一个是平衡；一个是精准。律师需要拆掉生效裁判的思维之墙，在平衡中精准定位失衡点，直击靶心，穿过窄门。

3. 公式思维

人民法院审理案件最重要的原则是："以事实为依据，以法律为准绳"，转换为数学公式，即：事实+法律=结论。在法官思维模型中，将其升级表述为："证据+规则（+原则）=结论"。如图53所示。

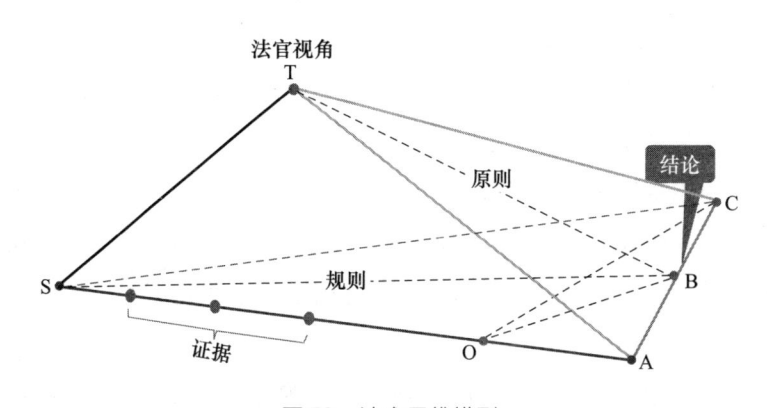

图53 法官思维模型

《最高人民法院关于适用〈中华人民共和国民事诉讼法〉的解释》第四百零五条规定："人民法院经再审审理认为，原判决、裁定认定事实清楚、适用法律正确的，应予维持；原判决、裁定认定事实、适用法律虽有瑕疵，但裁判结果正确的，应当在再审判决、裁定中纠正瑕疵后予以维持。原判决、裁定认定事实、适用法律错误，导致裁判结果错误的，应当依法改判、撤销或者变更。"由该规定可知，再审启动有一个共同的前提，就是判决、裁定结果错误。图解该法条，如图54所示。

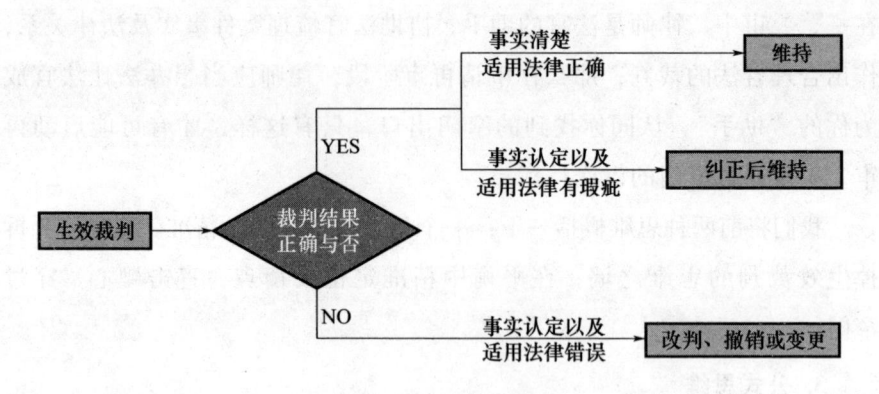

```
                        事实清楚         ┌──────┐
                      ┌ 适用法律正确 ──→│ 维持 │
                 YES  │                 └──────┘
                  ┌───┤  事实认定以及    ┌────────────┐
                  │   └ 适用法律有瑕疵 ─→│ 纠正后维持 │
┌────────┐  ┌─────┴────┐                 └────────────┘
│ 生效裁判 │─→│ 裁判结果 │
└────────┘  │ 正确与否 │
            └─────┬────┘
                 NO    事实认定以及    ┌──────────────────┐
                  └── 适用法律错误 ──→│ 改判、撤销或变更 │
                                        └──────────────────┘
```

图54 再审启动条件

由图54可知，裁判结果的正确与否是法院对生效裁判维持与改判的分水岭，是最直接的判断标准。因此，以终为始，是寻找突破口的第一步。

根据《最高人民法院关于适用〈中华人民共和国民事诉讼法〉的解释》第四百零三条第一款规定，人民法院审理再审案件应当围绕再审请求进行。因此，再审请求是申请再审审理的关键。我们通过公式思维来解析律师如何整理再审请求。

申请再审程序中，启动再审是一个程序审查的问题，再审后，才真正进入实体审理阶段。因此，对律师而言，在申请再审的案件中，先找到适当的再审请求，证明结论、证据、法律适用中一个或几个存在问题，才有可能实现再审目的。

在法官思维模型中，法官的裁判逻辑体现在由点T、点S，及法官裁判结论点A/B/C，三点所构成的垂面上。我们以面TSB为例，点B是生效判决的结果。归类整理后，体现在程序、证据、规则和其他几个方面，只要当事人的申请符合任一情形，法院应当再审。

通常来讲，特别是对于二审维持原判的生效判决，法官的裁判逻辑被加强，法官思维模型中的垂面三角形更为稳固。若把证据和规则看成生效裁判的"四梁八柱"，那么只有在证据和规则出现问题的时候，裁判逻辑才可能真正坍塌。

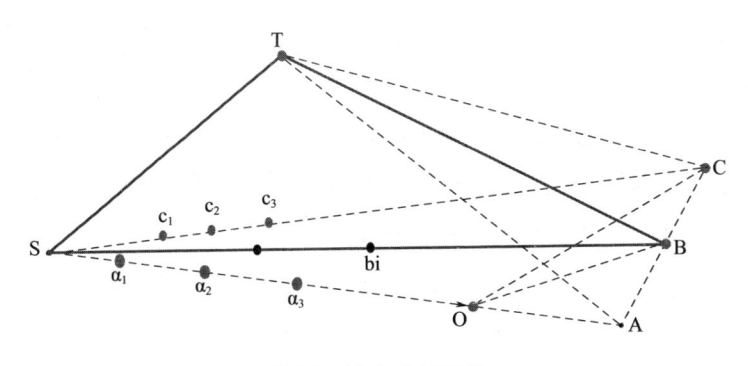

图 55　法官裁判思维

结合民事诉讼法第二百零七条启动再审程序的情形，对法官思维模型公式进行拆解。

点 S：起诉状（当事人+诉讼请求）；

点 bi：证据（链）（案件事实）；

线段 SB：法律适用；

点 B：判决结果。

下面我们就来各个击破，逐一拆解。

（1）终局思维——解决点 B 的问题

真正厉害的拥有洞察力的人，往往都是简洁而优雅，先回到起点，快速且坚决地按下终止错误的开始键。

关于终局思维，需要从两个角度进行分析。从前述法条来看，就是判决结果有误，但从申请再审程序中的法官思维来看，还应包括案件生效后的法律后果和判决作出后的执行效果，并从保护当事人利益角度出发，平衡考量。比如说，大部分申请再审案件已经是对于生效判决执行完成的案件，此时，对于案件的分析，需要考察执行回转的可能性和是否有可能损害其他权利人的利益，产生新的纠纷等，总之，既要以保护当事人利益为重，又不能造成司法资源的浪费。因此，执行回转的可行性和可能性也是法官预见案件走向的一个重点考量因素。

举例来说，在股东资格确认纠纷中，法官判决"确认原告持有被告公司30%的股权，到202×年×月×日"，就属于判决结果有误。而在合同纠纷案件中，如果法官的裁判是"被告履行双方签订的合同"，则属于判决结果无误，但执行结果无依据。

这里存在的难点是：如果判决结果有误，但是分析后执行效果和法律后果"无伤大雅"，法官是否还会去改，律师又应当如何说服法官？

我们需要提出几个问题供大家思考：

① 判决结果错误，但已经执行，是否可以通过另案解决？

② 如果不能通过另案解决，执行回转的可能性有多大，是否还有其他救济渠道？

③ 若是尚未执行，是否可以通过促成调解的方式，在申请再审期间形成调解书，以平衡当事人的利益？

刚才我们已经对终点 B 进行了分析，下面通过公式"证据 + 规则（+ 原则）= 结论"来看，即当等式的右边出现错误时，我们如何通过等式的左边来寻找导致错误的因素，并以此作为再审理由，以达成等式新的平衡，实现救济。

（2）程序思维——解决点 S 的问题

申请再审程序是在极其例外的情况下修正"不完善的程序正义"，而对于法律人来说，"迟到的正义非正义"。所以，无论在哪个诉讼阶段，程序思维无疑是律师最应当重视的，因为任何实体上的事实、结论等，都是从特定的时间、空间、场合和步骤之中，以特定的方式展现。因此，离开了程序正义，实体正义根本无从谈起。

对于程序思维的运用，首先应当关注民事诉讼法第二百零七条规定的期限问题，其次是图 56 所列的程序性问题，从第（七）到（十一）项，对号入座。不同的法律职业对于程序的要求不同，但法官毫无疑问是最重视和讲究程序的一类主体。在审判实践中，程序是法官在进行实体审理前最重要的工作，这也是当事人主张程序违法，通常因证据不够充分无功而返的主要原因。但若当事人有足够的证据，可以证明符合民事诉讼法第二百零七条的构成要件，那么启动再审的成功率自然提高。

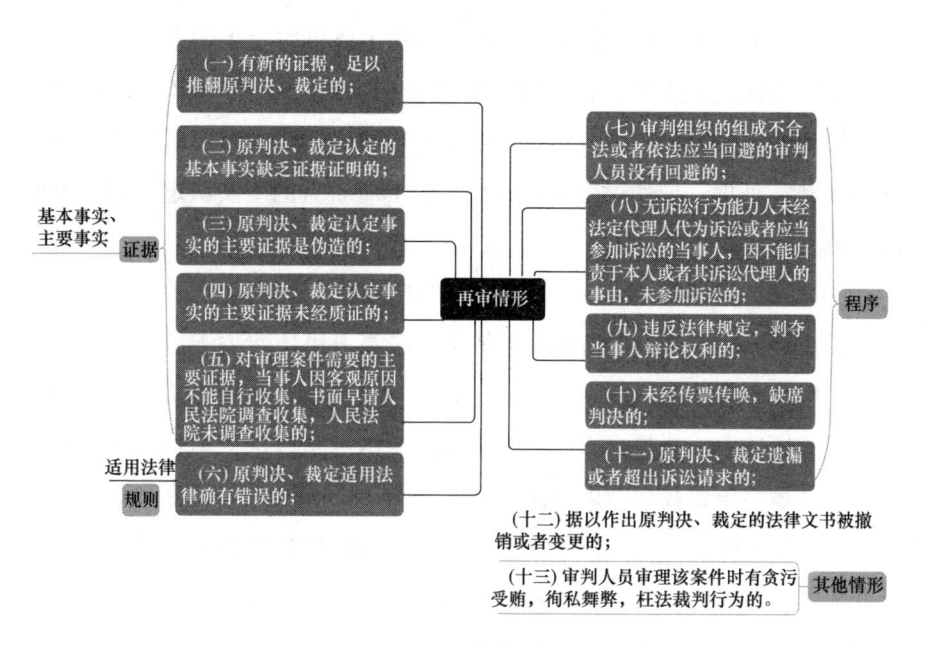

图 56 再审情形

基本事实、主要事实 / 证据：
- (一) 有新的证据，足以推翻原判决、裁定的；
- (二) 原判决、裁定认定的基本事实缺乏证据证明的；
- (三) 原判决、裁定认定事实的主要证据是伪造的；
- (四) 原判决、裁定认定事实的主要证据未经质证的；
- (五) 对审理案件需要的主要证据，当事人因客观原因不能自行收集，书面申请人民法院调查收集，人民法院未调查收集的；

适用法律 / 规则：
- (六) 原判决、裁定适用法律确有错误的；

程序：
- (七) 审判组织的组成不合法或者依法应当回避的审判人员没有回避的；
- (八) 无诉讼行为能力人未经法定代理人代为诉讼或者应当参加诉讼的当事人，因不能归责于本人或其诉讼代理人的事由，未参加诉讼的；
- (九) 违反法律规定，剥夺当事人辩论权利的；
- (十) 未经传票传唤，缺席判决的；
- (十一) 原判决、裁定遗漏或者超出诉讼请求的；
- (十二) 据以作出原判决、裁定的法律文书被撤销或者变更的；

其他情形：
- (十三) 审判人员审理该案件时有贪污受贿，徇私舞弊，枉法裁判行为的。

（3）证据思维——解决点 bi 的问题

法官在再审审查过程中，需要先考察是否提交了新证据，先作形式审查，再作实质审查。新，表现在以下几个方面：

第一，新形成。在原审庭审结束后形成的，无法据此另行提起诉讼。该情形在审查时，法官要关注的是时间节点。如果确定是新形成的证据，法官需要分析另一个必要条件，即：足以推翻原判决、裁定。

第二，新出现。该要素是指证据不是形成于原审庭审结束后，而是在原审庭审结束前已经形成，但因客观原因新发现、新获得，此种情况需要律师向法院告知逾期提交的理由，并经法庭审查认为理由成立。

第三，未质证。主要证据未经质证的情况，需要向法庭证明证据已经提交，但侵犯了当事人质证的权利。

法官在申请再审程序中对于新证据的审查是非常严苛和审慎的，因为如果没有新证据，法官只需要针对再审请求，审理生效判决认定的事实和法律适用是否正确，但是如果出现了新的证据，有可能直接导致生效裁判所认定的基本事实，或者依据证据所确认的主要事实发生偏差，给案件启动再审带来转机。因此，证据思维的真正意义在于证据对事实认定的影响，作为载体，"新"证据并不是启动再审的门槛，然而，律师可以通过提交"新"证据，或通过解析原证据，赋予"新"的事实认定价值，以推翻原裁判确认的基本事实。

（4）法律适用问题——解决线段 SB 的问题

适用法律确有错误的情形应当依据《最高人民法院关于适用〈中华人民共和国民事诉讼法〉的解释》第三百八十八条规定的六种情形。体现在法官思维模型中，就是法律的适用违背了基本事实认定，不符合法官裁判逻辑，并最终导致裁判结果错误。

综合以上四点，我们再来回顾一下二审诉讼场景中引用的股东资格确认纠纷案件，我们来看一下法官启动再审的裁定书内容，以此来理解法官的裁判思维，并反推律师的申请再审理由。

裁定书载明："根据一、二审法院查明的案件事实，××公司于200×年×月成立，注册资本金100万元，张某、刘某等七人为该公司原始股东。此后，××公司经过多次变更登记，截至2015年7月15日，工商登记机关显示公司注册资本金5000万元，股东为刘某65%、李某25%、陈某10%。张某主张确认其享有××公司40%的股权，应查明其名下股权转移到现登记的哪名股东名下，如认定转移到刘某名下，因公司已经增资，即使存在股权转让无效也应查明股权是否可以回转，对涉及案外人权益的应一并通知其参与诉讼。

一、二审判决对此均未查实，且未通知参与××公司增资的股东参与诉讼，即否定公司增资行为效力，属于认定基本事实不清，遗漏必须共同进行诉讼的当事人。

依据《中华人民共和国公司法》第一百零三条第二款规定，股东大会作出决议，必须经出席会议的股东所持表决权过半数通过。但是，股东大会作出修改公司章程、增加或者减少注册资本的决议，以及公司合并、分立、解散或者变更公司形式的决议，必须经过出席会议的股东所持表决权三分之二以上通过。一、二审法院仅以部分股东不知情，即否定决议效力，属适用法律不当。"

由该裁定书启动再审的理由可以看出，法官通过基本事实认定不清，遗漏当事人，以及法律适用不当为由，撤销一、二审判决，指令一审法院再审。该理由综合体现了公式思维中涵盖的四点，因为等式右边的结论存在错误，继而找到了等式左边相应存在错误的理由，从而启动再审。

总之，申请再审案件的核心要义是"纠错不纠偏"，而对"偏"的认定，并没有绝对的标准，甚至有时取决于法官的认知、选择、经验，甚或精力。律师则需要把握方寸之间的"一线生机"，抓住法官对案件审查的"一念之间"，平衡当事人心理，管理当事人预期，通过法官思维模型的裁判视角梳理案件，以终为始，合理高效地设计再审方案，才有可能在极低的改判率中求得翻盘之机，直击靶心，获得再审的契机。

四、调解场景

调解作为诉讼的辅助手段，是大势所趋。因为调解主要基于各方当事人的利益平衡，于法官而言，不仅降低了当事人的诉讼成本，还能减轻工作量，缓解结案压力，实现双赢。以前作为法官，希望作出更多判决，写出优秀的判决书，希望用判决的方式实现公平正义，保护当事人权益。成为律师后，开始理解有时候案件难免需要进入调解阶段，不仅是为了帮助法官减压，而且有利于实现当事人利益的保护。此时，考虑的不仅是诉讼利益，更多的是实际效益。

江平教授曾说："一名好的律师，应该兼具政治家、法律专家、社会活动家以及商人的特性。"这个要求一点都不低，但是作为法官，往往能够成为一名优秀的法律专家已经非常不容易了。而在我心中，专家型的法官，往往更心无旁骛地对待案件，对追求法律的尊严更有执念，更为纯净。

（一）诉调对接场景下的法官思维

1. 诉调对接的重要性

诉调对接，是指矛盾纠纷调处中的诉讼方式与非诉讼方式相衔接。

"诉",代表法院诉讼系统,"调",则包含人民调解、行政调解、商事调解、行业调解等诉讼外调解方式。诉讼与调解相衔接就是为了经济、高效地化解矛盾纠纷。

习近平总书记明确提出:"坚持把非诉讼纠纷解决机制挺在前面。"注重发挥调解在预防化解矛盾纠纷中的基础性作用,创新探索诉讼与调解的对接模式,形成良性互动机制,及时有效地化解社会矛盾纠纷,满足时代发展需求。

眼下,案件提交立案后,律师首先收到"诉调"案号,如果可以通过诉前调解实现当事人诉求,则无须转正式立案,起到了帮助审判法官分流的目的,减轻了法院案件激增的压力。

记得我刚转业到法院的时候,法院立案庭的诉前调解还处在学习和推进的前期,我跟随一位办案法官,将矛盾看起来不是非常激化的申请再审案件的当事人,约到法院,进行诉前调解工作。通常会采取两种思路:一是鼓励撤诉;二是促成调解。

说实在话,先行调解有时的确是个运气活,因为当事人往往是在纠纷无法化解、无法切实实现诉讼目的之后,才申请再审,前期经历了一审、二审,甚至执行阶段,矛盾屡次被加固,充分激化,想在申请再审阶段实现先行调解,十分考验法官对案件的剖析和对人性的把握。而即便是一审案件中的诉前调解,往往也可能因为尚未进入审判程序,未上过法庭,未见到过审判法官,因为不甘心、不放弃,而不愿选择妥协。因此,事实上,调解相较于诉讼,解决的是比法律更深层次的问题,或者说是比法律更大范围的问题,是比判决书更有利于化解矛盾的方式。

2. 诉讼与调解,方式不同,方向相同

先行调解的初衷是为了减轻诉讼压力,但往往在实践中,孤注一掷的调解方式,没有很好地考虑和权衡诉讼与调解之间的衔接问题。调解,有时会搁置争议,然而,诉讼必须解决争议。尺度如果没有拿捏好,就可能对当事人造成误解。

比如,在某共有物分割纠纷案件中,母女(女儿已成年)二人共有一套房产，产权证书上载明各自占有该房产50%的份额。现母亲作为原告，以女儿为被告，提出对共有物进行分割，分割方式如下（择一）：

第一，一方向另一方支付房屋市场评估价值的一半作为房款，继而双方办理过户登记手续给支付房款的一方；

第二，原被告共同出售房产，对房屋出售取得的价款各自分得一半，双方配合买受人办理过户登记手续；

第三，由法院依法拍卖案涉房产，拍卖后的价格分担评估鉴定费用后，余款一人一半。

本案诉前调解阶段，调解员将母女二人约至法院。由于调解最直接的目的是案件不要转入诉讼程序，所以，调解员在大致了解案情后，强调案件转入立案、审判，再到执行将困难重重。比如：被告在房产出售后没有地方居住（事实上其一直与父亲共同居住，并未住在案涉房产中）；原告应该保持现状，有利于维系母女之间的亲情；房产不能拍卖，因为被告名下只有一套房；等等。

调解员的目的只有一个：希望原告主动撤诉。

这样的调解无异于给了被告极大的鼓舞，却给原告带来了极度的不确定性，原告非常担心失望，将所有情绪抛给了律师。当然，此结果原告必然不甘心，因而调解不成，转入正式立案。

3. 当事人的心理预期与先行调解能否密切相关

经过调解员的先行调解后，原告感觉很焦虑，也很气愤，分明自己对案涉房产享有一半所有权，却住不得、分不得、诉不得、拿不得。在她的认知里，法官说房子没法分割，只能维持现状，与被告只能始终保持共有状态，而被告却好像因此找到了维持现状的充足理由——只有一套房，法院不能拍。

当事人的心理预期与先行调解能否密切相关？本案中，原告作为诉的发起者，她的心理预期是想通过法律的途径合情、合理、合法地取得各自应有的份额，保障各自的权利。然而，诉前调解并未充分考虑其诉讼利益，只是从亲情的角度一味"压制"她，以期尽快实现原告撤诉的效果，结果自然适得其反。于被告而言，可能会因此变得"盲目自信"，对其后转入诉讼程序有害无益。

果不其然，案件转正式立案后，话风逆转。开庭时，被告丝毫没有做足准备，因为调解对其太过受用，导致那成了她唯一的也是仅有的反驳和抗辩手段。而当审判法官明确告知被告，案涉房产系原被告二人共有，原告有权利通过合法的手段取得其应有的份额时，被告才发现先前的所有挡箭牌，在法律面前变得不堪一击，被告很快败下阵来。

审判的中立性与调解的目的性产生了严重的对立，导致双方当事人都产生了认知偏差的错觉。被告觉得审判法官偏袒了原告，原告发现律师一开始说的都实现了。在庭审中，法官明确提出，若双方能够协商出合理有效的调解方案，法院可以出具《调解书》，以调解方式结案，充分保障双方利益。倘若双方无法协商，法院只能申请评估鉴定机构，对房产进行评估，再实施拍卖，费用由当事人自行承担。

可见，在本案中，诉讼与调解不仅没能实现良好有效的衔接，还为审判阶段的审理制造了障碍。因此，调解如果脱离中立性，就会导致当事人对司法产生不信任，有违诉前调解的初衷。

综上所述，调解是处理民事案件必不可少的手段，比起诉讼，调解对于化解双方矛盾、有效解决案件有着重要意义。诉前调解的目的不是搁置争议，应当是引导或者影响争议的顺利解决，即使不能成为化解纠纷的利器，也应当成为诉讼的辅助。但是，诉讼与调解的脱节，必然造成诉前调解阶段的急功近利，加上调解员对当事人心理预期掌握不足，往往导致调解失败，结果还可能背道而驰。因而，先行调解应当着眼于解决整个纠纷，做好前置性工作，为后续诉讼做好必要准备，才能避免司法资源的浪费，成为真正有效的衔接。

（二）诉讼中调解的利与弊

人民法院在查明案件基本事实，分清当事人是非责任的基础上，本着自愿合法的原则，还可以进行诉讼中调解，诉讼中调解可以由当事人申请开始，也可以由人民法院依职权主动开始，旨在达成和解，定分止争。在诉讼实践中，调解作为一种成本较低的纠纷解决方式，越来越被重视，不但法官"热衷于"促成调解，律师也不可避免地在每个案件中预判调解的必要性和可行性。在具体案件中，基于对案件事实的掌握，为帮助己方当事人取得稳妥的争议解决结果，最大限度地保护当事人利益、减少当事人损失，促成调解有时是律师的取胜之道，有时是律师的缓兵之计。

之所以说法官热衷调解，主要有几个原因：第一，结案快，有利于提高办案效率；第二，相较于判决，具有一定优势，诸如成本低、易履行、内容灵活，具有终局性等；第三，若法官经过庭审，对案件裁判仍然无法达到逻辑必然性要求，且即便通过高度盖然性依然无法作出满意的裁判，此时，调解无疑是最好的选择；第四，调撤率的要求。因此，除了上一节讲的诉前调解外，庭审前、庭审中、庭审后，法官都可以根据案件的进展选择是否继续推动调解的进程。

成功的调解往往需要"天时、地利、人和"，更离不开法官的"帮助"，这也是为什么诉讼中调解的成功率高于诉前调解的原因。因为，在庭审活动中，通过与法官的交流，当事人或代理律师多少可以感受到法官的处理意向，对于促成调解也更有利。而且，任何案件在诉讼时，当事人对于结果也是有一定的预判空间的，只要落点在该区域内，并且能够加快进程，法官的居中调解就能够起到非常大的推动作用。

当然，为了结案率，也不能排除法官在办理案件中，存在"急功近利"的情形：

第一，职权主义影响当事人意思自治；

第二，反悔权没有适当限制，使得调解反复；

第三，调解具有反程序外观，可以突破案件本身，有可能导致出现启动再审的情形；

第四，调解效力不稳定。民事诉讼法第一百零二条规定："调解未达成协议或者调解书送达前一方反悔的，人民法院应当及时判决。"无理由的反悔违背诉讼效益，还有可能损害善意调解一方当事人的合法权益。

（三）民事调解书的救济

民事调解书不存在上诉程序，直接救济途径是向上一级或原审人民法院申请再审。作者通过 Alpha 数据库对全国近 3 年的民事申请再审案件进行检索发现，虽然法律明确规定可以对判决、裁定、调解书申请再审，但对民事调解书申请再审的比例只占总的申请再审案件数的 4.18%，这其中，启动再审的案件仅占 2.29%。相较于民事调解书启动再审的情形，对民事判决书启动再审的比例大概占总数的 17.8%。可见，民事调解书启动再审的难度更大。

细究后，不难发现，对调解书申请再审本就属于少数派，而且，调解书和判决书无论从形成原因、救济程序还是启动再审等方面，都存在诸多不同。

1. 形成原因

民事诉讼法第九十九条规定："调解达成协议，必须双方自愿，不得强迫。调解协议的内容不得违反法律规定。"第一百二十五条规定："当事人起诉到人民法院的民事纠纷，适宜调解的，先行调解，但当事人拒绝调解的除外。"《最高人民法院关于适用〈中华人民共和国民事诉讼法〉的解释》第一百四十五条第一款规定："人民法院审理民事案件，应当根据自愿、合法的原则进行调解。当事人一方或者双方坚持不愿调解的，应当及时裁判。"可见，调解书的产生和形成取决于当事人本身的意愿，因此，虽说诉讼中的调解是法官主导，但前提还是要当事人同意才行。不同于民事调解书，法官不得拒绝裁判，调解不成的案件，必须在法定期限内及时作出判决或者裁定。

由此我们不难发现，因为调解书是基于当事人自愿而产生，所以，对法官来说，调解书其实是法官"免责"的一种结案方式。所谓"免责"，并不是法官逃避责任，而是因为调解往往是各方当事人彼此妥协的结果，法官为了防止当事人事后反悔，会对庭审笔录、和解笔录的记载更为审慎和详尽，并让当事人签字确认其对于调解协议的内容完全认可并明确知悉。目的就是防止当事人事后提出不是出于自愿而导致对调解书启动再审。但民事判决书显然是法官"担责"的体现,这一点,在诉讼场景中可见一斑。

所以说,案件到了法院,当事人同意,法院就调解,并制作调解书,但法官作出裁判,并不取决于当事人的意愿。因此,对判决书的救济,是找法官的"碴儿",但对调解书的救济,就像是自己在"找碴儿"。

2. 救济程序

《最高人民法院关于适用〈中华人民共和国民事诉讼法〉的解释》第三百八十二条规定:"当事人对已经发生法律效力的调解书申请再审,应当在调解书发生法律效力后六个月内提出。"民事诉讼法第二百零八条规定:"当事人对已经发生法律效力的调解书,提出证据证明调解违反自愿原则或者调解协议的内容违反法律的,可以申请再审。经人民法院审查属实的,应当再审。"不同于民事调解书,对判决书和裁定书的救济,是在法定期限上诉、申请再审,或申请抗诉。

就调解本身的特性来说,调解应当具有终局性,对法官来说,调解结案更像一个"安全屋",基于当事人自愿作出,文书不需要上网,结案工作量低。然而,事后仍有不少当事人反悔,认为调解书所达成的协议内容是一时糊涂,于是在法院发出民事调解书后,选择申请再审,寻求救济。

3. 启动再审

通过检索到的数据,我总结了近三年对民事调解书启动再审的理由,主要集中在(按照比重从大到小的顺序):(1)违反法律规定,基础法律关系错误,缺乏事实基础;(2)违反合法原则,证据不足或伪造证据;(3)违反自愿原则,无权代理;(4)其他(包括新证据、调解书约定的条件执行时不能成就、侵犯了案外人的合法权益、缺席、虚假诉讼等)。其中,违反合法原则和违反自愿原则的启动再审理由占总数的90%以上。

根据民事诉讼法第二百零八条的规定可以看出,法院制作民事调解书应当遵循两个前提:第一,当事人自愿,不强迫;第二,调解协议内容合法。因此，法院对调解书启动再审也主要基于这两种情形。但如果我们看民事诉讼法第二百零七条就知道，对判决、裁定启动再审的情形有 13 种，我们在"申请再审中的法官思维"中讲到，启动再审无异于穿过窄门，那么对调解书的启动再审就无异于寻找窄门中的窄门。因为，对判决、裁定申请再审，理由是法院错了，但对调解书申请再审，很难说是法院错了，更别说拿出证据证明法官胁迫当事人完成调解的说辞。

五、证据场景

在法官思维模型裁判架构中，法官裁判文书的逻辑架构体现在垂面中，但底面才是律师诉讼逻辑的核心，律师只有通过证据及其梳理、呈现才能实现法官主观认定的客观化，将客观事实上升为法律事实，进而实现律师诉讼路径与法官裁判"本院认为"的重合。

"以事实为依据"的司法原则在立法本意上是指司法机关审理案件，只能以客观事实作为唯一根据。但事实上，这一司法原则在实践中很难全部实现。由于主客观原因，在诉讼过程中，我们对案件事实的认识，只能是接近于案件事实真相，是一种相对的真实，并非绝对的真实，甚至还可能有悖案件事实真相。由于案件发生的不可逆性，法官对事实裁量中或多或少存在一定的偏差是必然的。待证事实是通过法律的调整，诉讼程序的制约，在司法人员的主观能动性综合作用下"查明的（经审理查明）"或"认定的（本院认为）"，这是一种蕴含着价值观的事实认定。从法哲学的角度看，这是承认法律的价值对事实的认定起到一定的影响作用。无论基于什么出发点，巧妇难为无米之炊，证据终究是案件中的"重头戏"。

（一）证据的重要性

法律人用于分析案件，决定适用法律的事实认定，一定是在特定的程序之内，按照特定证据规则所认定的证据来支持的，凡没有证据支持也不能根据相关证据规则推定的事实陈述，都不能作为定案依据。法官不可能抛开证据去无根据地认定客观事实，但如果证据不足，事实不够清晰，甚至可能存在伪造证据的情况时，法官也只能根据已有证据推理得出法律事实，即使法官认定的法律事实与客观事实相反，这也是司法制度和证据规则所规定的结果，是我们追求司法公正所付出的代价。经过证据的收集、固定，法官的感知、判断和表达，就可得出我们通常见到的案件事实，但是它不是一个原始的客观事实，是经过许多人主观加工、最后由法官的主观意愿、个人认识能力、价值观念等所决定的事实，用以支持法官的裁判结论。所以，证据在法官对事实的认定中起着至关重要的作用，即便法官心证你有充分的理由，但若证据不足，法官也只能依据《最高人民法院关于适用〈中华人民共和国民事诉讼法〉的解释》第九十条第二款规定，判决"当事人承担不利的后果"。因此，律师在收集和整理证据以及举证、质证等与证据相关的环节都应仔细考量。

　　证据的重要性还体现在证据的证明责任。证据是证明事实的必要手段和依据。关于证据，我们理一下逻辑思路。对于逻辑比较清晰、事实比较简单的案件，法官通常采用三段论思维来发现小前提，即通过证据发现待证事实，然后寻找大前提，即法律依据，最后形成裁判结果。但基本的三段论式思维方式已经无法跟上时代的要求，这时候就需要证明责任来补充，因为它可以解决三段论不能解决的如真伪不明、排除无关事实等问题。除了法律明确规定了举证责任倒置的例外情形，通常采取"谁主张，谁举证"的证明责任分配原则，当事人需要提供证据证明自己的诉讼请求或反驳对方的诉讼请求，这里提到一点需要注意的是，反驳和抗辩不同，抗辩可能只需要"不同意、不承认、不认可"，但反驳是需要举证证明的。

　　那么，证据应当如何整理，以怎样的方式呈现，如何表述证明目的，才能既充分体现证据的三性又说明证据与事实、法理之间的逻辑联系呢？我们由表及里地谈一下。

（二）证据的形式

　　说到证据的形式，通常以证据册的形式呈现给法官，我见过的模版类型比较多，而对法官来说，其实并不需要证据装帧精美，因为在法官眼中，这种形式大于内容的东西并无意义，尤其是做过书记员的法官更懂得其中的原因。精美的装订会给订卷归档带来很多不必要的麻烦。因此，提交法庭的证据应当封面干净整洁，方便拆卸，页码清晰，需要强调的地方可以使用不同颜色的记号笔标明，或者为了举证方便，使用不同颜色的标签加以区分，一目了然，方便查阅。

我个人采用以下证据册模版。封面注明审理法院、案件信息、证据提交主体，以及提交时间。证据目录以表格形式呈现，对证据进行逻辑性的分类和整理。

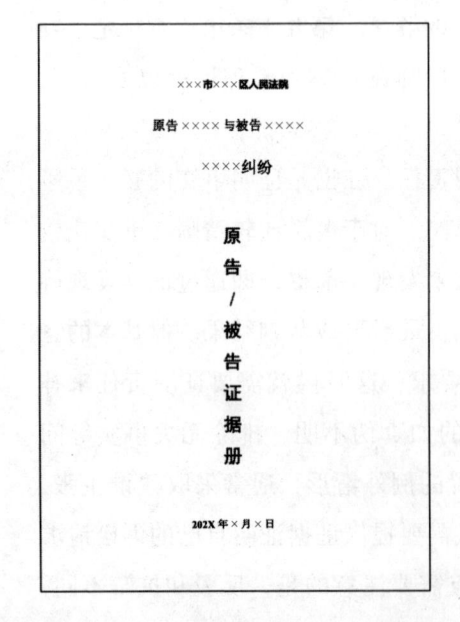

图 57　证据册样式

我们对照图 57 来分析，证据首先需要归纳和整理，把用于同一证明目的的证据放在一组，如证据 1 和证据 2 都属于第一组证据，证明目的相同。证据对象就是与待证事实相关的证据的内容，可能是部分，也可能是全部，对应在法官思维模型中，就是我们诉讼逻辑线上的点 $a_i/b_i/c_i$。而证明目的则是这些证据之间的关联性，也是支持我们诉讼观点的具体理由。

随后我们还会讲到，证明目的之间环环相扣，构成诉讼逻辑线。具体如何书写证明对象和证明目的，随后展开。

关于证据册的装订，个人有个小建议：与呈现给法官的证据册所不同的是，交给当事人的证据册可以装帧精美，体现律师的工作量和工作态度。

（三）证据的收集

关于证据的来源，首先是当事人提供，其次来自律师调查或律师持《法院调查令》获得，再者来源于法院依职权调取的证据，此外，还包括第三方机构出具的与案件相关的材料。

1. 当事人提供的证据往往需要进行整理和筛选，如果眉毛胡子一把抓，不加区分不加整理，一股脑儿提交给法官，就有可能导致基础法律关系不清晰，待证事实不明确，直接丧失胜诉机会。

2. 《最高人民法院关于适用〈中华人民共和国民事诉讼法〉的解释》第九十四条第二款规定："当事人及其诉讼代理人因客观原因不能自行收集的证据，可以在举证期限届满前书面申请人民法院调查收集。"人民法院接到书面申请后，如果法官认为当事人申请调查收集的证据，与待证事实有关联性，对待证事实有价值，认为有必要调查收集的，法院会依职权调取或依申请向律师出具《调查令》由律师调取。比如，在上海动拆迁纠纷案件中，如果房屋同住人对动迁款的分配无法达成一致，通常需要法院出具《调查令》向相关部门调取《动迁协议》，以作为起诉的主要依据。

但也有些是律师持《调查令》无法调取的，在我承办的一个买卖合同纠纷一审案件中，由于其中有一个被告系我国香港特区公民，法院需要在起诉状中注明该公民的港澳通行证号码，但上海的出入境管理局要求只有法官依职权才能调取，那么此种情形下，也只能转而申请法院依职权调取了。

3. 虽然说律师可以在举证期限届满前书面申请人民法院调查收集相关证据，但是，对于法院依职权调取证据的情形，律师也需要谨慎，往往有时候会让法官觉得律师在故意出难题。除了法律明确规定的"证据由国家有关部门保存，当事人及其诉讼代理人无权查阅调取的；涉及国家秘密、商业秘密或者个人隐私的；当事人及其诉讼代理人因客观原因不能自行收集的其他证据"三种情形外，律师要向法官明确所需调取的证据是否确有必要，此外，还要考虑法官调取证据的可能性与可行性。因为有些证据显然是法院依职权无法调取，或者根本不会去调取的，那么此时申请也是白费力。

还有一些比较特殊的情况，即便当事人申请鉴定或者申请调取，法院也会谨慎行事。因为调取证据是为了查明真相，假如有的证据调取后将导致案件事实真伪不明，或者给裁判带来不利影响，甚至会增加法官判决的难度，那么法官一定会想办法回避调取的申请，或者在裁判文书中直接予以回应。

举个例子，我曾经办理过一个一审借款合同纠纷案件，法律关系比较清晰，唯一的难点是关于一份《企业询证函》，因为该函件是在借款的诉讼时效即将到期时，由债权人通过某会计师事务所向债务人发出的，内容为截至某年某月某日，债务人仍然拖欠债权人本金23930万元，债务人在该询证函结论项中"信息证明无误"处加盖了公司的财务专用章。在审理过程中，债务人的律师提出司法鉴定申请，说从未收到该询证函，亦未在函件上加盖公司财务专用章，对该函件的证据三性均不予认可。

怎么办？针对此种情况，法官的程序性思维要求其首先应当做好完整的笔录，记录律师的鉴定申请，如果决定不予鉴定，亦应当将不予鉴定的理由当面告知律师，同时做好笔录，归入卷宗，以追求程序上的无瑕疵，因为程序的无瑕疵是案件实体正义的基础。本案中，由于法官并不愿意对这样一份证据进行鉴定，因而，更要确保程序之正义，但目的其实是不鉴定。

因为该鉴定结果有可能直接将案件推向无法裁判的境地，如若鉴定后发现不是被告公司的公章，将有可能导致诉讼时效超过，2亿多元的债权瞬间蒸发，于理不公，也与法官的心证不符，或者说不是法官想要的判决结果。回归到法官在证据真伪不明时依据后果实用主义的裁判逻辑，法官首先心证了该份证据的合法性，而之所以不敢鉴定，是因为被告极大可能提供另外一个公章作为鉴定的检材，鉴定结论大概率会否认该公章的真实性。而根据被告公司的性质和所处的环境，此类情形又大概率会发生。所以，不走鉴定程序都能推断出的结果，法官怎么可能去推翻自己的心证，在没有把握的情况下，使案件陷入真伪不明的境地呢？因此，法官认为该《企业询证函》应当予以采信，所以法官选择了较为婉转的方式陈述采信证据的过程："原告提供的《企业询证函》系由×××会计师事务所发出，并盖有双方当事人的公章，虽然被告提出从未收到过该询证函，也未在其上加盖过公司的财务专用章，申请本院对公章进行鉴定。但该组证据来源于×××会计师事务所的卷宗第×页，证据来源真实，内容合法，与本案具有关联性，本院予以认可，对于被告提出从未收到过询证函并申请法院鉴定的请求，本院不予支持。"

二审时，最高人民法院采用大篇幅详细论述了采信该证据的合理性，首先，最高人民法院认为×××会计师事务所是合法成立的机构，有相关资质；其次，详细介绍了案涉《企业询证函》的出处，对该会计师事务所卷宗的整体情况进行了拆解，包括该证据所处的位置，卷宗还有其他哪些公司的《企业询证函》及与之相类似的证据等；最后，通过该卷宗内容列举了其中所涉及的不同企业，并分析了企业的大致情况，以此来反推如果该会计师事务所提供的证据存在虚假，或其与本案原告有不合法交易，则需要证明其与其他企业之间亦有恶意串通之可能，最终实现了采信该《企业询证函》，并保证本案诉讼时效未超过。

我们可以进一步明确，法官裁判思维属于结果导向型，通过结论找证据，并对可以帮助法官认定结论正确的证据天然有种"保护欲"，所不同的只是不同法官对于主观认定客观化的描述程度有所区分。

（四）证据的整理

证据册是律师收集、整理的有利于己方请求的证据集合，通过精心排列、组合，最终形成证据链，串起律师的诉讼路径。

我们用"上菜"来举例。先来顿大餐，看看"上菜顺序"会对证据整理有怎样的启发。

1. 证据的排列

图58 "上菜"的艺术

通常来讲，前菜确立了一顿饭的基调，比如，凉菜确立了酒席的基调、锅底确立了火锅的基调（包括不同派别的火锅）、汤和沙拉确立了西餐的基调。证据也一样，第一组证据确立案件的基调，也就是基础法律关系。接着上主菜，主菜可以展示主人的财富、客人的地位、厨师的水准，而证据中的主菜则应当是围绕基础法律关系展开，对于己方诉讼主张最为有利，或者反驳对方观点最为直接有效的证据。

具体对应展开分析如下：

（1）证据中的前菜，就是证据册中的第一组证据，确立案件基调，证明案件基础法律关系。

（2）证据中的主菜，应当是在基础法律关系之上，与诉讼请求最密切相关的证据，用于支持己方诉讼请求或反驳对方观点。

例如，在合同纠纷中原告主张对方承担违约责任，前菜应当是案涉合同，提供违约责任承担的依据；主菜应当是对方的违约行为，用己方的守约行为予以补强。一些对案件事实查明有一定辅助作用的证据，则可以放在后面。

而在侵权损害赔偿责任纠纷中，前菜应当是侵权行为，主菜是己方损失，用侵权行为与损害之间的因果关系予以补强。

（3）最后，证据中的主食、水果或甜品，是对查清案件事实有补充和辅助作用的证据，不仅不是多余，反而还有可能让法官的心证更为通透。

关于"上菜"，我们总结一下，先展示确立基础法律关系（案由）的证据，再展示支持诉讼请求的证据（事实与理由）。最后配以辅证（如证人证言、鉴定意见等），辅证应当是对证明目的有益，并成为证据链上必不可少的环节。

不难看出，这恰好符合法官认定案件事实、整体把握案情的裁判思路，为法官提供认定案件的逻辑线，即双方的法律关系是什么，可查明和可确认的待证事实有哪些，还有什么是可以补强待证事实的，这些证据之间的关系就是法律逻辑或法理逻辑。

2. 证据的组合

将证据进行整合、归类、合并同类项，是律师整理证据卷宗的重要技能之一。整合证据的目的是什么呢？假如一个基础法律关系较为清楚的案件，罗列后发现一共有9组证据，那么举证时，法官通常会要求分别质证，这样就可能导致律师证据逻辑链条的断裂，如果经过归类组合分为4到5组证据，那么律师就可以在举证质证环节请求一次性举示，以保证律师诉讼逻辑的完整性。

在证据的组合中，我们往往通过一组证据的数个证据相互加强，或通过几组证据共同实现同一证明目的。同时，通过阐述证明目的来体现证据间的逻辑关系。如图59所示，a_i代表一个或一组证据，它们之间的关系是形成一条完整的证据链，以实现SA这条逻辑线。

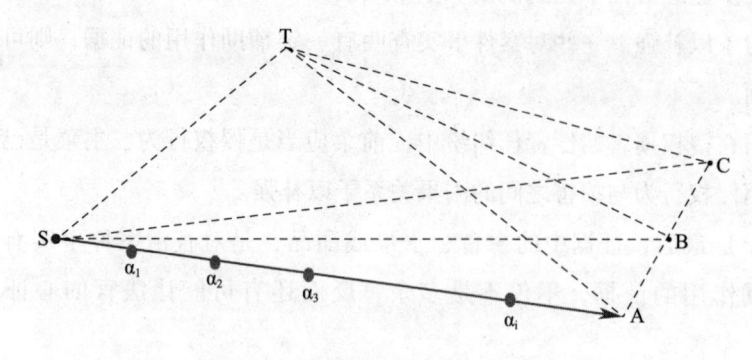

图 59　法官思维模型——证据逻辑

我们以某商品房买卖合同纠纷案件为例。

现实中此类案件存在很多纠纷情形，通常此类案件的证据如下：(1)《商品房买卖合同》；(2)《居间合同》；(3) 房产证；(4) 转账凭证；(5) 网签备案合同；(6) 解除通知；(7) 结婚证及配偶同意声明（新政策可以不提交未登记在房产证上的配偶的声明）等。

我们从不同的诉讼角度对证据进行排列组合，并讨论证明目的的表述逻辑。

该案件我们在前面已经具体分析过。因房价上涨，出卖人向买受人发出解除通知要求解除合同。买受人认为出卖人不享有解除权，其解除行为违反诚实信用原则，且出卖人不配合办理权属变更登记，构成违约，故起诉要求卖方承担违约责任，继续履行合同，变更权属登记。

第一组证据（前菜）：《商品房买卖合同》《居间合同》、转账凭证。

证明目的：

（1）原被告签订的《房屋买卖合同》及《居间合同》系双方当事人真实意思表示，内容不违反法律、行政法规的强制性规定，故此，合同应当认定为合法有效；

（2）转账凭证证明某年某月某日，买受人依约支付了定金及房屋首付款。故此，原告在合同签订后积极履行了合同义务，是合同的守约方；

（3）案涉合同第××条规定出卖人应于几日内配合原告和第三人办理

权属变更登记。故此，被告未按照合同约定履行合同义务，构成违约。

图 60 为本案二审上诉时证据册证明目的的梳理情况。

证 据 目 录

证据编号	证 据 名 称	起止页码
第001组	1.1西安市存量房屋买卖合同 1.2居间服务合同 1.3西安市房屋登记簿 1.4收款收据及转账凭证	
第002组	2.1解除合同通知 2.2《西安市人民政府办公厅关于调整我市住房交易政策有关问题的通知》 2.3《关于落实我市住房交易政策有关问题的实施细则》	
第003组	3.1配偶同意出售声明及结婚证	
第004组	4.1被上诉人与上诉人之间的微信记录 4.2被上诉人与第三人经纪人的微信记录	

提供证据目的和作用

1. 上诉人与被上诉人签订的《西安市存量房屋买卖合同》及《居间合同》系双方当事人真实意思表示，内容不违反法律、行政法规的强制性规定，故：合同应当认定为合法有效

2. 合同签订当日，上诉人按照合同约定不仅如约支付了合同定金50000元、中[redacted]，故：上诉人在合同签订后积极履行其合同义务，是合同的守约方

3. 根据合同约定，房屋首[redacted]存入双方共同办理的资金监管账户。但被上诉人始终未配合上诉人及第三人开立资金监管账户。故：被上诉人是合同的违约方

4. 按照合同第六条及第十一条的约定，被上诉人应当在指定日期内备齐过户资料，但被上诉人[redacted]，却一直拖延到2[redacted]才领取房屋产权证书。故：被上诉人构成严重违约

图 60 证据的组合 –1

第二组证据（主菜）：“解除通知”及其他佐证出卖人违约的证据。

证明目的：

（1）被告不享有合同解除权。被告是合同的违约方，不享有解除权。

（2）被告发出解除通知不符合合同约定的解除要件。案涉合同约定“解除通知应当以书面方式进行”，被告仅通过微信发送不符合合同约定。

（3）案涉合同尚未解除，应当继续履行。原告收到“解除通知”后，在法律规定的异议期内向人民法院提起了诉讼，是对被告解除合同的抗辩。

第三组证据：《房产证》《结婚证》《配偶同意声明》《网签备案合同》。

证明目的：

（1）被告及其配偶同意出售双方夫妻共同财产，故此，案涉房屋具备交易基础。

（2）原告依约履行了合同义务，双方办理了网签备案登记，故此，被告应当继续履行案涉合同，完成房屋过户登记。

> **提供证据目的和作用**
>
> 1. 被上诉人不享有合同解除权。通过第一组证据可知，上诉人无法支付购定金 ████████，████在████上诉██████购房合█████日期内（████████）处理后，████████████停滞状态。故被上诉人是合同的违约方，不享有合同解除权。
>
> 2. 上诉人所称"西安市房屋调控政策的影响，房屋无法出售并办理过户手续"的理由不成立。上█████████████涉房屋买卖合同是在██，因此，双方合同不受调控政策的影响。案涉房屋符合当时及目前的西安市房屋调控政策，亦符合法律规定，故双方房屋买卖交易合法有效。
>
> 3. 被上诉人发出的解除通知并不符合合同约定的解除要件。案涉合同明确约定"若守约一方解除合同的，解除通知应当以书面的方式进行。"前已述及，被上诉人是合同的违约方，并不享有合同解除权。而即便其有解除权，其解除通知的方式亦不符合书面通知的形式要件，故该通知并不必然产生合同解除的法律后果。
>
> 4. 案涉合同尚未解除，应当继续履行。上诉人在收到被上诉人所谓的"解除通知"后，在《最高人民法院关于适用<中华人民共和国合同法若干问题的解释（二）》第二十四条规定的异议期间内已向人民法院提起诉讼，要求继续履行合同，该行为显然是对被上诉人关于合同解除的抗辩，加之被上诉人根本不享有解除权，故一审法院确认购房合同已解除系重大事实认定错误

图61 证据的组合-2

第四组证据：其他佐证案件事实的证据，如各方的微信聊天记录等，用以佐证在此期间买受人一直在督促出卖人履行合同义务，但出卖人始终拖延。

以上几组证据的排序是按照"上菜"的顺序编排的，每组证据中的多个证据间亦存在补强关系。每组证据及证据间证明目的的表述都体现了案件的逻辑关系，证据间承上启下的表述使证据册内容浑然一体。同时，在对"主菜"证明目的的表述中，我采用先立论、后论证的表达方式，较先论证后总结的方式，更犀利，更有说服力。

若案情变为：因买受人未按约支付首付款，出卖人起诉要求解除合同，并追究买受人的违约责任，那么相同的证据，在排列组合时就会有所

变化。

第一组证据是《商品房买卖合同》《居间合同》、网签备案合同、房产证、结婚证和配偶同意声明。既证明基础法律关系成立并生效，又证明出卖人是守约方，积极履行了合同义务。引出出卖人享有法定解除权，通过第二组证据解除通知来证明出卖人行使了法定解除权。再用第三组证据《转账凭证》来证明买受人存在违约情形，补强解除权行使的合法性。

由前述案例可见，同一个证据因为不同的诉讼目的和诉讼角度，被归类在不同的排序项下，承担不同的证明责任，表达不同的证明目的。归根结底，证据的整理思路应当取决于诉讼目的。

可见，做菜讲究菜品入锅顺序、讲究火候、讲究组合搭配，证据册的整理也是相同道理，切忌只罗列证据，尤其是在商事案件中，时间线不一定是逻辑线，所以，找到逻辑线索才是关键所在。逻辑线的体现不仅有时间顺序还有法理逻辑。如何体现逻辑线就应当注重两个层面："上菜"的技术和"报菜"的艺术。也就是我们上面讲到的证据的排列组合及证明目的的表述。简言之，二者之间的关系就是事实（证据对象）和理由（证明目的）。

综上，证据册的整理思路是：先确定双方基础法律关系，再证明与诉讼请求关联性最紧密的事实，最后选择其他有利证据予以补强，保证待证事实与案件法律关系明晰，体现事实逻辑和法律逻辑。只有如此，点 a_i 才能成就法官裁判的法理逻辑线 SA，体现证据整理和说明的精妙。本节以一审案件为例讲解了证据册的整理，万变不离其宗，二审和申请再审阶段证据册的整理同样取决于上诉和申请再审的目的，按照诉讼逻辑进行编排并体现在证明目的的陈述中即可。基于证据在案件审理中的重要性，律师应当多花心思考虑如何整理证据才能使每组证据之间形成完整的逻辑链，保证每个证据证明的待证事实与案件法律关系明晰，这才是证据册整理的核心问题。

（五）证据的其他问题

在证据的三性中，我想着重强调的是证据的合法性。民事证据的合法性，是指在民事诉讼中，认定案件事实的证据必须符合法律规定的要求，不为法律所禁止，否则不具有证据效力。对证据合法性的要求，是为了保障证据的真实性和维护他人或其他组织的合法权益，体现了人们对程序正义和实体正义的双重要求。不仅如此，合法性评价还是法律思维的底线。

在我曾经办理的一个一审股权转让纠纷案件中，被告方提交了一份伪造的证据，是一份《股东会决议》，之所以看出其伪造了该证据，系因双方在另案纠纷中，被告也提交了一份《股东会决议》，虽然决议内容不同，但落款处的公司名称及盖章却可以完全重合。我想，在不同时间、不同地点召开的股东会，决议内容不同，却在盖章的时候保持如此完美统一，这样的巧合应该是没有，也不可能有的，完全不符合常理。我很清楚这其中至少有一份是伪造的证据，此时法官心证一定是对被告存在负面评价，并且会本能地对被告的其他证据设置更高的门槛，甚至均持怀疑态度。

前面我们说过，如果法官内心想确认一份证据的真实性，就一定有办法采信，并为我所用。同理，如果法官内心怀疑一方提交的一份证据，甚至一组证据均为伪造，不愿采信，也同样可以做到。而且，基于法官的负面性评价，除非本案是被告根本可以"躺赢"的案件，否则，本案的天平一定会自动向原告倾斜。毕竟，不要挑战法官的底线。而且，从执业道德的层面来看，律师也应当在合法的范围内维护当事人权益，这个底线不能丢。

六、庭审场景

诉讼案件的关键在于诉讼，庭前准备解决如何"诉"，庭审展示解决如何"讼"。《说文解字》有曰："讼，争也。……以手曰争，以言曰讼。"法庭，是律师的主战场、修道场，都说庭审是整个诉讼的核心，90%的案件在法官走出法庭时已有结论。对法官来说，希望庭审能够按照既定的节奏高效有序进行，谁都不希望长时间坐庭，不希望庭审过程松散拖沓，更不希望庭审中节外生枝出现其他意外情况。所以，庭审对律师来说，需要精心设计，充分准备。

人类的思考要么是视觉型，要么是听觉型，如果没有海马体的作用，我们无法进行有效思考。因为海马体是大脑内部的显卡和声卡，海马体整合视觉和听觉信息送往松果体来显示，我们就能够"看到"想象的画面，"听见"自己的心声。庭审，其实就是律师想办法调动法官海马体的过程。如何通过法官思维模型结构化、标准化的输出，解构庭审，变职权主义为当事人主义，调动法官的海马体呢？

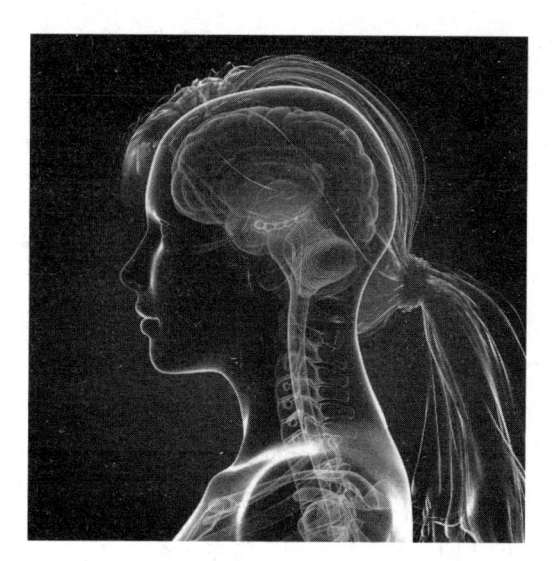

图62　海马体　（图片来自网络）

我们从视觉和听觉两个层面入手。

（一）视觉可视化

1. 着装可视化

开庭要求法官穿法袍，威严、神圣，有距离感又有仪式感，那么律师也需要仪式感。人类是视觉的动物，以貌取人是天性，所以法官自然会注意律师的形象，而律师的着装又可以体现律师对庭审的重视程度。在我过往的经验里，律师可以不穿律师袍，只要选择得体、大方的正装即可，法官并不会关注你穿什么牌子的西装。回想起曾经的数次开庭，大概只有当律师或当事人穿着不得体或行为失当时，才会让法官印象深刻，此外，没什么特别印象。足以说明，正装未必会给你加分，但如果着装不得体，甚至暴露，一定会减分。这些基本的礼仪和细节，不需要我们在本书中用大量篇幅来描述。我的建议是：开庭时，女律师着正装或西装，男律师着西装，如果是关注度比较高的案子，或在庭审直播时，选择着律师袍。

2. 证据可视化

在高级人民法院审理一、二审案件都是合议庭三人一起开庭，因此，对于证据册和质证意见的数量，要求当事人按人头准备充足，以避免开庭时材料相互传阅，分散法官注意力。关于证据的模版和结构，我们在前一节"证据场景"已经具体展开，此处不再赘述。

在庭审前，不仅要对证据的实质要件精雕细琢，同时也要对证据的形式要件足够留心，不可缺页、不可不清晰、不可缺少数量，合议庭成员、法官助理、书记员、对方当事人，确保人手一份。同时，提交的资料最好给书记员准备一套电子版，方便书记员在庭审记录中直接调用。目前绝大部分案件已经是独任制审理，合议庭成员准备一到两份即可。

另外，若是之前已经向法庭提交或邮寄过的证据，当庭需要调整和更换时，应将之前提交的收回，若不能收回，应在新提交的证据材料上醒目地注明提交日期和要替换的证据材料名称，以防止庭审后法官在梳理案件时混淆。

再者，需要考虑证据的格式和展示形式。在我的法官生涯里，有一次我主审的二审案件庭审直播，上诉人的律师，将案件主要证据所呈现的案件事实用流程图表达出来，并在一个很大的题板上彩打出来，虽然合议庭成员手上有该流程图，但注意力还是被吸引，看着律师用大题板展开为大家讲述，当时给我的印象还是非常深刻的，不仅让法官快速厘清案件事实和逻辑，还让法官对上诉人一方的观点产生了深刻的印象。庭后，法官对上诉人的观点也必然会重点考虑且给予更多关注。记得那也是我第一次在开庭时找了一下律师的名字和所在律所。

可见，若可以用图板或其他吸引眼球的方式，合理呈现案件主要事实、梳理案件逻辑脉络，自然是一件锦上添花的事，也可以有效提升法官的审判效率。

第二章 诉讼场景篇 | 133

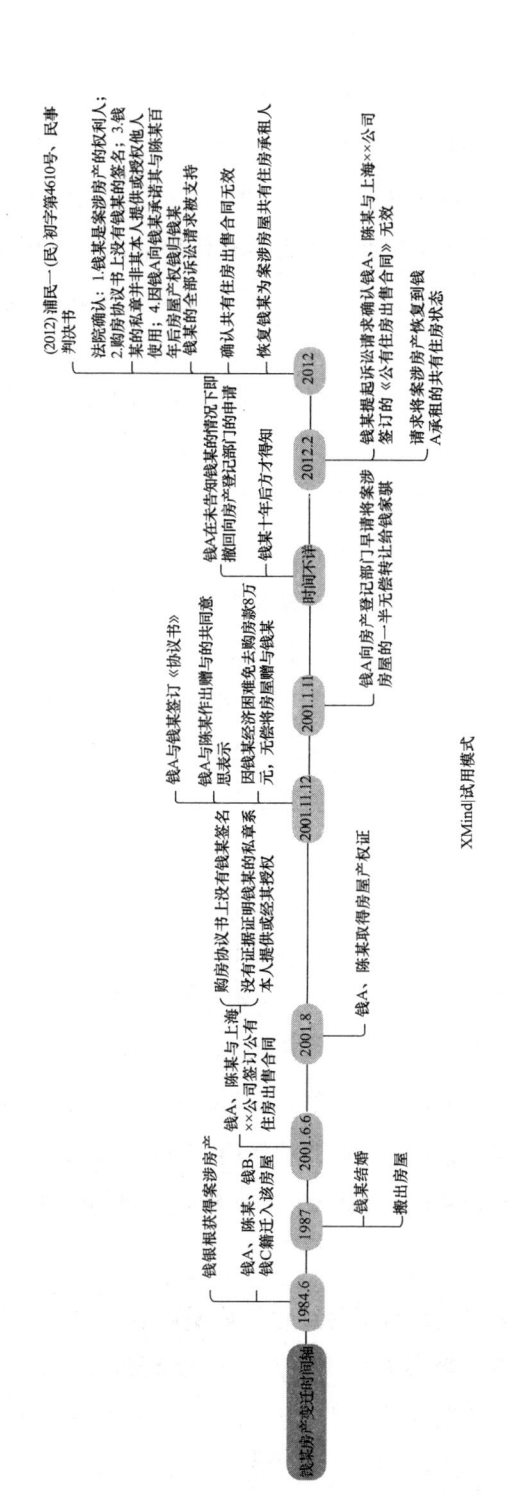

图63 证据可视化表达

举个例子。如某共有物分割纠纷案件，当事人的父亲系案涉公租房的原承租人，当事人及其母亲、妹妹系房屋的同住人，后在当事人不知情的情况下，当事人的父母和妹妹，签订了购房合同，将房产性质变更为私有。时隔多年，当事人得知此事，认为共有住房的出售合同侵犯其利益，遂提起诉讼要求确认《公有住房出售合同》无效，请求恢复登记。诉讼后，房屋性质恢复为公房。

为了让法官更快、更清晰地掌握房产性质变更的来龙去脉，我们可以直接通过如下流程图呈现案件事实。而在准备的时候，也可以将该流程图单独放大打印在题板上，在庭审时，直接对照题板讲解，抓住法官的注意力。

还有一些小的细节。既然是通过视觉效果抓住法官的注意力，那么，如果案件的证据复杂，内容繁多，在举证环节，可能会造成法官看到的跟你讲到的不同步，此时可以有些小技巧。比如，在证据册的制作和整理中，增加彩色的小标签或用记号笔标注重点内容，在律师举证的时候，可以通过向法官发出请求，如"请您翻到第几页，证据几，或者，请您翻到什么颜色的标签页"等类似的方式，搭建向法官自然陈述并吸引法官注意的桥梁。而翻到第几页，这种指令很普通，但如果说什么颜色的标签，这就需要法官集中注意。这也是一种潜移默化的"引导"，引起法官注意是律师法庭表现的关键要素。归根结底，可视化的核心要点就是要"吸引眼球"，美观、大方，在不经意之间，巧妙实现目的。

由于逻辑思维在法官调查事实和审查证据中，以及通过点线面形成待证事实的"真相"中，起着至关重要的作用。所以，证据的展示和呈现必须体现逻辑性，而运用图示来表达，正是一种强逻辑的体现。

3. 庭审可视化

庭审是律师使法官主观认定客观化的重要环节。律师是起诉、答辩、举证的主体，作为不同当事人的代理人，律师需要不断定位，并根据定位进行辩论和思考，争取在法律上找到最有利的理由和观点，说服法官采纳自己的意见，切实维护当事人的合法权益。在我过去几年的办案过程中，充分体会到律师的庭审表现对法官的影响。从心理学角度来看，庭审是律师充分展示并试图将自己的信念输入法官心灵深处的过程。我们可以类比一下"催眠"。所谓催眠是以人为诱导（如放松、单调刺激、集中注意力、想象等），引起的一种特殊的类似睡眠又非睡眠的意识恍惚心理状态，其特点是被催眠者自主判断、自主意愿行动减弱或丧失，感觉、知觉发生歪曲或丧失。当然，我们不可能真的去催眠法官，但可以引荐这一原理，通过吸引法官集中注意或想象，达到法官跟随律师思维行走的"潜意识状态"。所以，律师不仅要修炼专业，还需要修炼内功，翻译成大白话，就是"说法官想听的"。

下面我们通过讲述庭审可视化，来看看如何对事实及法律进行有效展示及呈现，以便高效说服法官。

举个例子：

原告：白茂荣；被告：雍鑫公司；第三人：陈轩仁。

诉讼请求：请求确认原告不是被告公司股东，返还投资款300万元。

基本案情：白茂荣与陈轩仁、郑根发、樊生强等四人共同签订了《股份合作协议书》，向雍鑫公司出资人民币300万元，雍鑫公司向其出具收据。经查，被告系一人公司，第三人是公司法定代表人。

如果你是原告，应如何梳理案件事实？在前面的内容中，我们已经讲述了法官思维模型中，底面的证据点构成案件事实的逻辑线索。本案中，作为原告，其主张的事实和理由是：某年某月某日，原告与第三人以及二案外人，共同签订《股份合作协议书》，约定四人作为被告股东，共同向被告出资，并明确了各自出资的数额。原告已经完成了出资义务，但是公司的章程、股东名册都未将其登记为公司股东，而且公司为一人公司，故提起消极确认之诉，请求确认其不是被告公司的股东，返还出资。

我们用图表示更为清晰，能够有效地将证据与之有机结合，法官看起来也更具象直观。如图64所示，我们把原告的诉讼主张以及对应的证据及法律适用整合在一个流程图当中，实现事实清楚、证据充分。

股东资格确认纠纷——原告

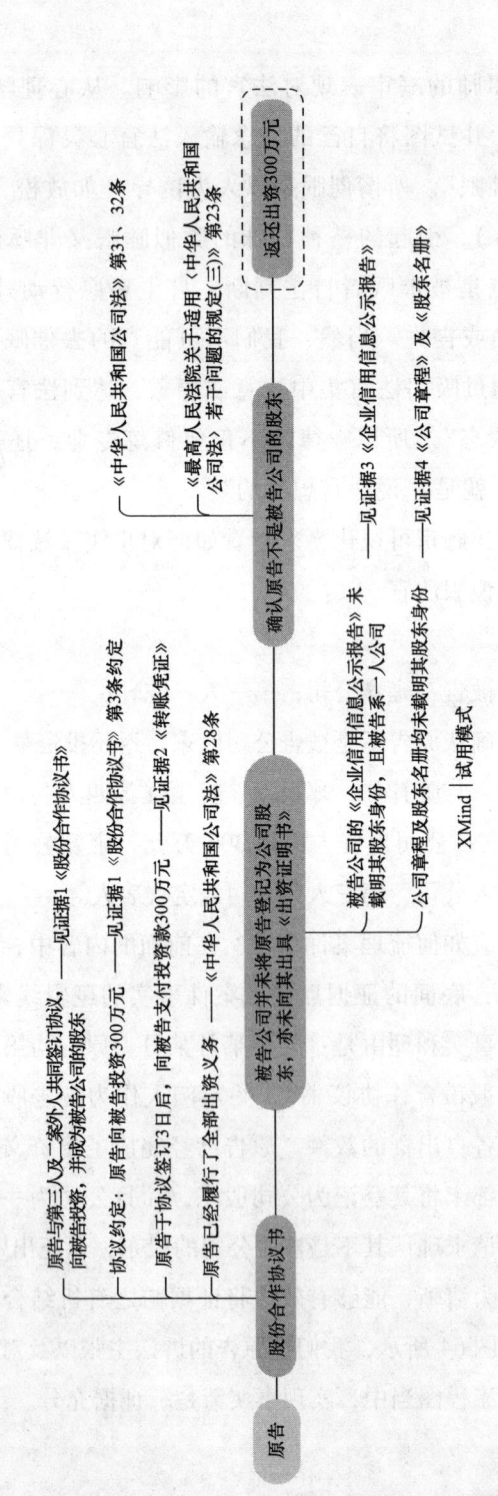

原告
└─ 股份合作协议书
   ├─ 原告与第三人及二案外人共同签订协议,向被告出资,并成为被告公司的股东 ——见证据1《股份合作协议书》
   ├─ 协议约定:原告向被告投资300万元 ——见证据1《股份合作协议书》第3条约定
   ├─ 原告于协议签订3日后,向被告支付投资款300万元 ——见证据2《转账凭证》
   └─ 原告已经履行了全部出资义务 ——《中华人民共和国公司法》第28条
      └─ 被告公司并未将原告登记为公司股东,亦未向其出具《出资证明书》
         └─ 确认原告不是被告公司的股东
            ├─ 《中华人民共和国公司法》第31、32条
            ├─ 《最高人民法院关于适用〈中华人民共和国公司法〉若干问题的规定(三)》第23条
            ├─ 被告公司的《企业信用信息公示报告》未载明其股东身份,且被告系一人公司 ——见证据3《企业信用信息公示报告》
            ├─ 公司章程及股东名册均未载明其股东身份 ——见证据4《公司章程》及《股东名册》
            └─ **返还出资300万元**

XMind | 试用模式

图64 股东资格确认纠纷——原告

第二章 诉讼场景篇 | 137

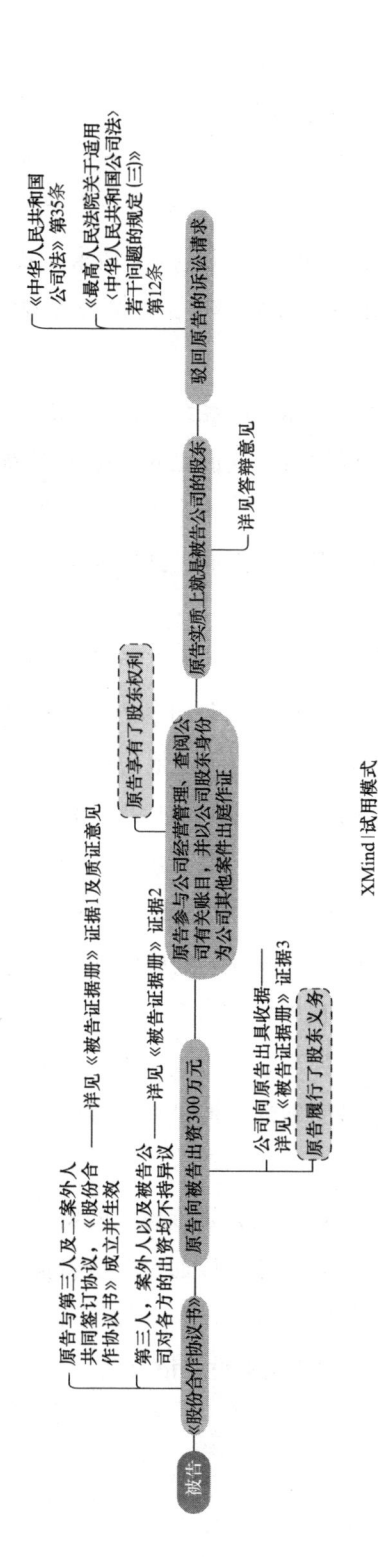

图65 股东资格确认纠纷——被告

作为被告公司，也有话讲。虽然公司登记为一人股东，但自公司成立起至原告起诉的多年间，原告从未对此提出异议。不仅如此，原告还一直参与公司管理，实际上履行着股东的职责，享受着股东的权利，原告实质上就是被告公司股东，应当驳回其诉讼请求。我们依然转化为流程图，将事实、证据、法律依据充分展现，并结合答辩意见、质证意见、辩论意见一并呈现。

通过前述逻辑线的梳理，实际上已经给了法官相应的裁判思路，至少裁判的逻辑基本可以明确，但同时，我们也知道除了判决结果，还有法官还要思考的重要问题，即法律后果。在本案中，还有两个案外人，作为被告，这一点是必须提请法庭注意的。因而，此时完全可以抛出两个问题给法官：

第一，关于公司现状，目前被告已经陷入经营困难；

第二，两个案外人与原告一样，向公司各出资300万元，如果本案支持了原告的诉讼请求，另外两人想必也可以依葫芦画瓢。

这两个问题会让法官充分地思考裁判的后果。首先，公司经营已经陷入了困难，如果此时认定公司应当返还原告出资，相当于将被告公司进一步推向绝境；其次，案外人如果也要求公司返还出资，那么公司将面临900万元的巨额债务，也与保护企业发展的原则相悖，更不利于保护公司的外部债权人；再次，在公司长期经营过程中，原告未有过异议，而当公司陷入困境之时，就想通过抽回出资的方式保全自己的利益，以债权投资人的身份全身而退，显然违背了案涉《股份合作协议书》约定的成为公司股东的本意，亦有违诚信。

这些需要思考的问题，恰好是法官思维模型的斜面，会直接影响法官裁判的方向和思路。由此，我们完全可以通过原被告提供的流程图，完成法官对案件的"画像"。如图66所示。S＝不是股东，返还出资；A＝支持原告全部诉讼请求；C＝驳回原告全部诉讼请求。

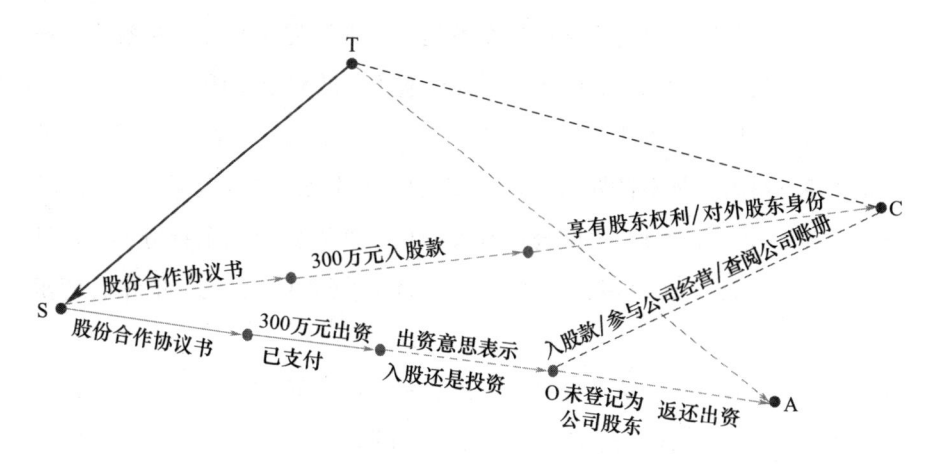

图66 股东资格确认纠纷之法官案件 "画像"

由图66可见，如果我们单纯看原告的诉讼逻辑SA，从形式上看逻辑可以自洽，我们再看被告的反驳策略SC时，就会发现，实质要件（原告实际享有股东权利并承担了股东义务）在本案中显然更有说服力，而且从利益权衡的角度来看，也更为公正合理。而基于确认之诉的本质，裁判结果为零和博弈，即A+C=0，所以，只要法官认为原告的诉讼请求和诉讼逻辑不可能被支持，裁判方向必定直接转向被告。也就是说，法官可以选择从S到C的裁判思路，也可以选择从S到O再到C的裁判思路。这也符合法官裁判过程中的思考路径，容错，可校准。

接下来，我们总结该案的争议解决过程，并对法官思维模型的分析过程进行验证。

本案中，一审法院认为，公司系一人公司，原告不是公司登记在册的股东，故认定其不是公司股东，支持了原告的全部诉讼请求（SA）。

一审法官采用形式要件作出判决，如果从思维的思考过程来分析，属于丹尼尔·卡内曼《思考，快与慢》中系统1的操作方式。然而，我们知道，在股东资格确认纠纷中，是否在章程或股东名册记载，仅是确认股东身份的形式要件，而实质要件的确认在此类案件的判决中才是至关重要的。即便形式要件有瑕疵，也是针对公司外部的，并不影响股东之间对内的意思自治和资金安排。而且，如果原告认为公司应当将其登记为股东，完全可以提起股东名册记载纠纷，而不是简单地以保全自己的利益为出发点，在公司陷入经营困境的时候，选择逃避股东的有限责任。

公司上诉后，二审法院认为，各方签订的《股份合作协议书》成立并生效。各方对出资款不持异议，且白茂荣自公司成立之日起至2015年间，一直参与公司经营管理，查阅公司有关账目，并以公司股东身份为公司其他案件出庭作证。故撤销一审判决，改判为驳回白茂荣全部诉讼请求（SC）。

白茂荣不服二审判决，向高级人民法院申请再审。

再审期间，法官通过对案件的深入查明，思考了如下问题（斜面TAC）：

（1）在本案中，申请人白茂荣与陈轩仁等四人共同签订《股份合作协议》，约定四人作为雍鑫公司的发起人，设立合伙企业，由陈轩仁负责公司注册登记等相关事宜，但陈轩仁在登记过程中将本应注册成立的合伙企业，注册登记为以其为法定代表人的一人有限公司。经查，雍鑫公司于2012年10月18日注册成立，2012年11月9日雍鑫公司向白茂荣出具了缴纳入资款人民币300万元的收据。

（2）本案二审庭审中，双方均表示公司成立后未分过红，白茂荣自称其是在2015年四五月份才知道公司是一人公司。陈轩仁称公司营业执照一直挂在办公室，白茂荣称其并不识字。但双方又均表示白茂荣查阅过公司账目，以公司股东身份出庭作证，还参加了公司召开的股东会。也就是说，白茂荣确实行使了股东的权利，但其确实并非雍鑫公司工商登记的股东。

（3）通过听证了解到，公司经营不善，现已停产。白茂荣称其多次要求雍鑫公司退还股金，雍鑫公司认为白茂荣系公司股东，不愿返还，甚至以白茂荣抽逃出资提起过诉讼，最终因白茂荣没有公司股东身份，不存在抽逃出资一说将雍鑫公司驳回。通过听证，法官认为，因公司亏损，白茂荣想保全自己的利益，抽回出资，但因其形式上没有股东身份，退股或者公司回购均无法实现。在听证中，问及雍鑫公司是否愿意将白茂荣登记为公司股东，雍鑫公司表示愿意。但白茂荣表示登记为公司股东可以，条件是工商变更前雍鑫公司所负债务白茂荣不承担。可见，白茂荣既想拿回入股款，又怕承担公司债务，更确切地说，是怕承担股东责任。问及签订协议的其他二人的情况，双方称其他二人没有要求退钱。

（4）承办人认为，本案的难点在于，从形式上看，白茂荣不是公司股东，无法以股东身份对公司提起相关诉讼并要求公司退股；从事实上看，白茂荣确实履行了公司股东的职责，行使了公司股东的权利，但其有股东之实，无股东之名。另，本案如果定为合同纠纷，雍鑫公司不是合同的相对方。如果定与公司有关的纠纷项下的案由，第一，白茂荣不是公司的股东；第二，白茂荣的诉讼请求是基于存在股东身份所提出。事实上，白茂荣既想承认自己是股东，以股东身份选择退回股金，又不想承认其是股东，因为公司现在停产，登记为公司股东将意味着承担有限责任，面临承担公司债务的情况。

（5）二审庭审中，签订协议的郑根发出庭作证，确认四方签订协议的目的就是设立雍鑫公司，且四人还分别代持了其他小股东的股权，郑根发在庭审中称，白茂荣就是雍鑫公司的股东，他也代持了多名小股东的股权。

《（2017）陕民申136号民事裁定书》载明：本院经审查认为，本案的焦点问题可以总结为：1. 白茂荣向雍鑫公司出资并履行相关股东权利的行为，能否将白茂荣认定为雍鑫公司股东？2. 二审法院判决驳回白茂荣的诉讼请求是否适当？

针对第一个焦点问题。现有证据证明，白茂荣于2012年11月向雍鑫公司转入人民币300万元，白茂荣自2012年10月公司成立之日起至2015年间，参与公司经营管理，查阅公司有关账目，并为公司其他案件以公司股东身份出庭作证。白茂荣依据与陈轩仁等四人签订的《股份合作协议书》，向雍鑫公司出资人民币300万元，雍鑫公司向其出具收据，且双方对该300万元出资性质为股权入资款均不持异议。故白茂荣向雍鑫公司履行出资义务、行使公司股东权利的行为系其成为雍鑫公司股东的意思表示。在本案中,确实存在陈轩仁未按照《股份合作协议书》的约定,将白茂荣等三人登记为雍鑫公司股东的事实,但该登记行为并不能否认白茂荣已经向公司出资并实际享有股东权利。根据《中华人民共和国公司法》之规定,公司外部登记仅具有公示效力,即对抗公司外第三人的效力,是否是公司股东应当以是否向公司缴纳出资,是否行使股东权利为确认的前提。且郑根发在二审出庭作证时亦表示白茂荣不仅是雍鑫公司股东,还代持了他人的股权,由此可以看出,公司的其他股东对白茂荣的股东身份亦予认可。因此,不能仅以工商登记为依据否定其股东身份。本案中,白茂荣履行了出资义务,行使了股东权利,且其他股东也予以认可,故此,应当认定白茂荣是雍鑫公司的股东。本案二审判决将白茂荣认定为事实股东,用语存在不规范之处。

针对第二个焦点问题。《中华人民共和国公司法》第三十五条规定:"公司成立后,股东不得抽逃出资。"白茂荣作为雍鑫公司股东,请求判令雍鑫公司返还其交付的入股款人民币 300 万元及利息的诉讼请求没有事实和法律依据,应当依法驳回,二审判决结果并无不当。

二审法院引用《中华人民共和国公司法》第三十三条第三款和第三十六条应为第三十二条第三款和第三十五条,应予纠正。

另,陈轩仁未按照《股份合作协议书》的约定,将白茂荣登记为雍鑫公司股东,白茂荣可就陈轩仁未将其登记为公司股东的违约行为另案解决。综上,二审判决认定事实清楚,判决结果并无不当。白茂荣的再审申请理由不能成立,驳回其再审申请。

在本案申请再审的过程中,法官权衡了各方利益,给了当事人另案解决的出口,也是对当事人利益的一种保护。在我的法官思维模型课程中,我将其解读为另一种"赢"。当律师不能让客户利益最大化的时候,可以选择另辟蹊径,为客户弥补损失,保护客户利益。

在本节中,我们通过对案件事实的梳理,向法官展现了证据与待证事实的关系,以及在梳理诉讼逻辑过程中法律适用的衔接,以便帮助法官更快构建裁判要点。可视化的展示,尤其是复杂案件中思维导图的应用,可以有效地帮助法官掌握全局。既然律师应当成为法官的助手，那么就要在庭审之前做足准备，想法官所想，更要想法官所未想，以求迅速建立法官与律师诉讼观点的连接，并助力法官梳理出更接近律师诉讼路径的裁判路径，这属于对法官思维模型的反向运用。

（二）听觉可视化

庭审是体现律师代理水平、检验庭前准备是否充分的考场。律师参加庭审的态度要求是专注，业务要求是熟悉庭审程序，回答问题简洁明了，辩论意见紧扣争议焦点，观点明确不跑题。庭上所有提问的问题都是与案件事实存在关联性的问题，提问是为了使案件事实更清楚，通过细节的问答来还原案件本身。

1. 语言表达——谦虚、平和

当你自信后，你的语言和眼神一定是坚定的，不会闪烁。法官在审判席上就跟老师在讲台上一样，对台下的一切都洞察得非常清晰。因此，律师应当对语言进行雕琢，通过眼神的交流，语音语调的顿挫等向法官传递信息，试图将其引入你设计的法律逻辑里。北京德恒（西咸新区）律师事务所的闫主任，他在开庭的时候，会通过"我方想提请法庭注意的是……"这样的话术来抓住合议庭的注意力，加上闫主任特有的语言场和气场，亲切、平和，又坚定、有力，往往可以让合议庭更重视其发言。当然，这样的话不一定每个人说出来都会收到相同的效果。还有一些让我印象非常深刻的律师，他们都有其自身比较显著的特点，如口齿清晰，表达能力强，逻辑思路缜密，或者是天生的"低音炮"，陈述娓娓道来，分寸拿捏准确到位，给人一种信服感。总之，要体现律师的专业，同时还要谦和不张狂。

简言之，律师在语言表达时，要控制语速，吐字清晰，因为再好的内容也需要优质的表达方式才能凸显。律师应当做到口齿清楚，发音准确，音调和谐，快慢适度，力争达到声调上的抑扬顿挫，以提高论辩的感染效果。

2. 语言输出——自信、笃定

无论代理怎样的案件，律师首先应当相信自己对案件的分析，对案情的梳理和对法条的理解。如果你对自己说的话都不确信，法官如何相信你？我的经验是，如果律师没说到点上，但自身逻辑自洽，法官顶多认为这是认识不同的问题，但如果你不能自洽，自己都不能让自己信服，法官会认为这是专业度的问题。你可以给法官认识偏差的印象，但不能让法官觉得你在胡说。因此，律师在代理案件时，即便对于自己预先判断败诉风险较大的案件，亦应当整理好己方的"逻辑环路"。如同前面我举过的例子，法官为实现自己认定的裁判结果，也需要绞尽脑汁找理由以健全和完整裁判的逻辑思路，那么作为律师，亦是同理。只有你说服了自己，在法庭上才会自信，法官才有可能跟着你的思路走，即便最后没有得到支持，也未必是你的逻辑有问题，可能有其他现实因素或别的原因。

自信的同时，回答问题必须简洁明了。对法庭有关案件事实以及对方当事人的提问，要直截了当地回答，切忌：

（1）阻止委托人自己回答与其相关的一些问题。纠纷的过程当事人最清楚，有些问题只有当事人本人才能作出回答，而有些律师往往因为担心当事人的回答会使法院对事实认定产生不利影响，因而当庭阻止当事人回答，要求由代理人来回答，这样反而会让法官怀疑律师有隐瞒案件事实的嫌疑。我曾经审理过一个二审案件，对合议庭的提问，上诉人给出的答案正是合议庭想要的，而且对其更为有利。然而，上诉人的代理律师的思路却与上诉人相反，而且很难得到支持。在合议庭当庭反复确认采信谁的意见时，代理律师仍坚持自己的观点，而上诉人也选择认可代理人的意见，最后结果只能是驳回上诉，维持原判。律师应当自信、笃定，但如果盲目自信，而且对合议庭的态度完全不敏感，那也只能承受因此带来的后果了。

（2）切忌回答与案件事实相关的问题时模棱两可、似是而非。律师要相信自己对案件事实和法律适用的认识，不要盲目猜测法官问话的审判意图。有的庭审中，法官问一方的问题较多，律师就会猜测法官可能会倾向哪一方，这种猜想，并没有道理。

总而言之，律师发言必须达到的效果是：抓住法官的注意力、表达对事实的尊重、表明对案件的信心。

3. 法庭辩论——扣题、简洁

如果说法庭调查是为了让法官彻底查清案件事实，法官具有明显的主动权，那么，法庭辩论就是由律师掌握主动权，真正展示其诉讼策略的时候。因此，我们说法庭辩论最能体现诉讼律师的法律实务功底，将掌握了解的法律和审判实务充分结合，围绕争议焦点提出自己明确的观点，用庭审查明的事实和相关法律条文来证明自己的论点。

法庭辩论的时间非常宝贵，说得太长，重复太多，没有紧扣焦点问题，就有可能被法官无情打断。"外行看热闹，内行看门道"，法庭辩论不是辩论大赛，没必要言语犀利处处针锋相对，法官询问时会明确问"双方有没有新的辩论意见？"有的律师看对方说了新的意见，就一定要自己再说说，但讲出来的还是前面讲过的辩论意见。实际上，不要认为说得越多越好，不重复反驳不等于认可对方的观点。对方重复讲过的观点，你在前面已经陈述过自己的相反观点，并且已经反驳过对方的观点，就没有必要再重复。

补充一点：法官的态度问题。除了个别法官天性对人比较强悍之外，绝大多数法官在法庭上的态度是可以显露一些端倪的。一般来说，法官心里多少会有一些倾向，所以，法官通常会对可能胜诉的一方较为严格，而对可能败诉的一方更为"和颜悦色"。

综上，通过视觉可视化及听觉可视化的有效输出，可以清晰高效地呈现律师的诉讼路径，应从全局着眼，从细节着手。

（三）庭审准备

由于庭审时间短，办案任务重，律师必须在较短的时间内，最大限度地展现案件的焦点和逻辑，精准、简洁，集中精力命中要害，打好庭审战役。

在我国，庭审模式依据的是职权主义原则，法官严格按照程序审理，而在眼下"短、平、快"的节奏里，我发现基层法院的庭审已经进行了充分的精简，如果过去还有时间充分听取各方当事人的诉辩意见，那么现在已经转化为法官会充分听取他想听到的诉辩理由，迅速记录，快速得出结论。当然，即便如此，为了保障当事人与诉讼相关的权利，法官还是会给予当事人或代理律师较为充分的时间和机会表达。此时，如何在法庭上积极、专业、有效输出，发挥"主场优势"，以"当事人主义"为出发点，为法官的被动输入提供可加工和参考的依据呢？

1. 庭审提纲

如果说庭审是"表演"，那么庭审提纲就是脚本。如果说庭审是任务流程，那么庭审提纲就是清单。阿图·葛文德的《清单革命：如何持续、正确、安全地把事情做好》阐述了"清单"的核心价值就是"提高准确率，减少犯错"。特别是对于以团队模式办理案件的律师而言，一份详细的庭审提纲有利于提高效率，减少重复劳动。

庭审提纲的目的是全面掌握案件信息，熟悉整体庭审流程，是对律师开庭的提示和对可能发生情况的预测。通过梳理庭审提纲，演练所有可能发生的法庭状况，有利于律师在法庭上"反客为主"。其实，开庭、讲课、表演等都是一样，是遗憾的艺术，只有准备得越充分，遗憾才可能越少。

庭审提纲不仅是一个流程的梳理，更重要的是对焦点问题的总结、对法官提问的预判、对双方相互发问环节的设计等。而熟悉庭审程序，是律师能够配合法庭按照正常节奏完成庭审程序的基础。

（1）总结焦点问题

法官在开庭前会总结焦点问题，律师也应当在庭审前做好充分准备，预判法官关心的问题，尝试总结庭审焦点问题，并且不断提升总结焦点问题的能力。

关于焦点问题的总结，有几项原则：第一，双方的诉争点；第二，影响法官对案件基本事实作出裁判的问题；第三，对于待证事实证据不够充分，需要进一步明确并查证的事实；第四，法官思维链条的断点，对此律师往往容易忽略，但如果法官开庭提到，庭审中遇到此种情况，律师须格外注意。

重点说一下第四项原则。前面我们讲过，法官往往在开庭前有"前见"，在开庭结束后基本明确案件走向。那么庭审就是法官将其前见转化为可能裁判结果的重要一环，所以，法官在开庭时必定"有备而来"，庭审无疑是法官解决内心疑惑，补强内心确信的必要手段。律师往往从形式主义角度出发，而法官会更多基于现实主义角度进行考量并作出裁判，因此，律师在准备焦点问题时还应当注重从事实查明、权利义务、履行过程、运营状况、交易习惯等现实结果的角度进行总结，并在每次案件复盘时检验法庭焦点问题和律师提前准备的焦点问题之间的差距，不断完善并接近法官思路。补充一点，在开庭时，如果律师总结的焦点问题与法官总结的有出入，并且律师认为法庭总结有遗漏，应当向法庭提出，并充分记录法官的解释。

（2）预判法官提问

如果法官在双方互相发问之后仍然提出问题，这将是一个很强的信号，表明法官的困惑点和关注点，也说明在之前的庭审过程中，法官尚未形成内心确认。此时，针对法官的进一步提问，律师应当充分把握时机，继续向法官输入律师的诉讼理念。一般而言，法官的提问主要基于事实和证据，目的是完善内心的逻辑链条，实现判决的自圆其说。所以，如果律师的证据可以形成证据链，事实和证据之间又能够完美对接，法理逻辑也足够充分，对法官来说当然是件省力的事。此种情况下，法官开完庭会趁热打铁，总结审理报告，尽快结案。

如果法官庭审之前准备了一系列问题，随着庭审过程的开展一个个划掉，法庭调查结束后法官根本无须发问，这种庭审是非常高效，也是受法官欢迎的，这必然离不开律师庭前的精心准备和对案情的谙熟于心。需要强调的是，在庭审中，对于法官的提问，特别是关系到焦点问题，以往很多律师的习惯是：在不确定、不清楚的情况下，不急于回答或解释，而是告知合议庭庭后向当事人确认，或者庭后补充意见等，尽量不让《庭审笔录》里有对己方不利的内容。但随着自认规则的变化,"不置可否""避而不答""模棱两可"恐怕没法再蒙混过关了,甚至有可能直接损害当事人的诉讼利益,因此,诉讼代理人本身的专业度将成为制胜的关键。对此,提出几点建议:第一,与客户充分沟通,做好详细的谈话笔录,就案件事实部分进行固定;第二,准备庭审提纲时对于法官可能调查的重点事实提前做好准备,以书面方式与客户确认;第三,对于关键事实应当反复演绎和博弈,并与当事人沟通和阐明,得出最利于己方的诉讼方案并予以固定;第四,充分关注己方缺乏证据的关键事实,促使对方构成自认,减轻己方的举证责任。总之,律师的专业能力不仅表现在庭审时能够把握回答法官提问时的分寸感和颗粒度,更重要的表现在于对事实确认的把握程度。

2. 模拟法庭

模拟法庭,目的是在极大程度上帮助律师从纲领至细节,全面、深入地掌握出庭所需的全部信息,极大地优化出庭效果,整个过程是为了深入梳理案件事实,完善法庭陈述技巧,重点是发现问题、弥补不足。我在北京德恒(西咸新区)律师事务所做顾问的时候,对于重大疑难复杂案件,都会组织模拟法庭,"法官们"尽可能地挖掘所有可能在庭审中遇到的情况,穷尽细节,争取做到能够覆盖真正开庭时所有可能的场景。因此,模拟法庭是一个对庭审提纲、案件事实、法律事实、法律适用、诉讼逻辑等查漏补缺的过程。如果己方的证据比较完整,理由比较充分,法官自然会倾向于多向对方提问,这些问题己方在收集整理后可以用于庭审中的双方发问环节,补充至庭审提纲中。相反,针对法官向己方发问的问题,需要重点关注和补强,并充分演练,做好在真实庭审中向法官回答的预案。模拟法庭的功能,就是让律师在应战中更有底气,更游刃有余。

即便有了较为充分的准备,律师仍然需要在庭审过程中,随机应变。因为法官奉守公平正义,而律师也需要创新。律师的倾向性决定了律师的代理观点要随着代理立场的改变而改变,而法官则"以不变应万变"。如果主流的观点恰好对当事人有利,律师固然节省劳动,但是,当既有案例对其委托人不利时，应当怎么办？首先，寻找非主流观点进行包装，为己方找到理论依据；其次，换一个角度，提出自己的新见解，进行创新。

综上，在庭审提纲的框架下准备模拟法庭，再在模拟法庭的复盘中，调整优化庭审提纲，只有庭审提纲+模拟法庭二者双管齐下，才能有效减少庭后遗憾，实现在庭审中高效输出的效果。

3. 网络庭审

网络庭审已成为庭审的重要构成方式之一。过去，我们认为网络庭审有其天然存在的问题，比如，依附网络，容易断线，人与人之间交流的屏障感。特别是一旦掉线，人的注意力很容易被打断，不容易保持思维的连贯性。对法官来说，网络庭审并没有线下开庭的体验更直接，需要不断关注各方是否同时在线，记录的内容是否各方均已同步收悉。若是一方在线上，一方在线下，还要兼顾摄像头的位置，确保庭审程序无瑕疵。因此，法官在网络庭审中，更容易感到疲惫，如果律师这边网络还不能确保流畅，对于庭审的影响自然不言而喻。但是目前，各地的网络庭审平台已经越发成熟稳定，形式也更多样，可以根据现场情况灵活调整网络应用模式，因此，在线庭审已成为非常有效的审判辅助手段，甚至是主要手段，律师参与线上开庭也更加方便快捷，足不出户即可完成重要的庭审任务。

若要让网络庭审实现更好的开庭效果，首先，庭审之前的网络测试是必不可少的环节，甚至在网络庭审之前，律师事务所的模拟法庭也需要通过网络模拟法庭的模式来进行，不仅为了测试网络，还为了帮助律师习惯面对镜头陈述的场景。其次，网络庭审存在的一个好处可能是借助网络信息化手段实现证据的可视化展示。但就目前为止，更多的还是停留在律师邮寄的纸质材料或传递的电子版本，而没有将信息化手段充分有效地应用于举证、质证环节，在未来，或许会成为一个趋势。

总之，网络庭审显然没有面对面庭审的直接与便捷，特别是在对证据的质证环节中原件的核对问题。不过，数据可视化较以往已经大为改进，可以充分发挥律师智慧，为律师的创新思维所用。

七、庭后场景

（一）庭后沟通

1. 开完庭如何与法官继续有效沟通

庭开完了，是否还需要继续与法官保持沟通？这是很多律师共同的疑问。当然，想打电话找到法官太不容易了，因为法官不是在开庭，就是在开庭的路上。此时只好选择提交书面材料。然而，书面材料法官有可能没时间看，律师又的确需要一个当面陈述观点争取与法官达成共识的机会。关于开完庭要不要与法官沟通，我本人持不同观点。基层法官太辛苦，每天案件量太大，基本没有时间单独与律师在庭审之后，再对案件进行探讨，中级人民法院或者高级人民法院的法官，或许能够找到交流机会，若是有了这样的机会，律师一定要把握住。在法庭上，往往大家的着眼点在案件事实和法律适用上，对价值观或更高层面的东西不会轻易点透说破。但在庭后，无论是电话沟通，还是在法院与法官交流，都可以在法官思维模型的底面之上，站在更高的维度进行深入探讨，或许可以碰撞出火花。我想，这也是律师与法官之间的一种良性互动。

律师和法官的良性互动是解决律师与法官差异的最佳方式。首先，良性互动是彻底解决纠纷，实现良好社会效果的智慧之举。法官的裁判只能从法律上平息纠纷，但裁判结果往往是当事人一方胜诉、一方败诉，当事人对法院判决的认同，需要律师的帮助。其次，良性互动是实现司法公正、降低司法腐败，建设法律共同体的客观要求。再次，良性互动是弘扬法治理念的必然。律师在为当事人提供服务的过程中，其对法律的理解更能够影响当事人的法治观念。法官和律师之间的有效沟通和互相尊重，能够更好地体现法律的严肃性。我从以往的办案经验和跟不同法官组成合议庭讨论案件的经历来说，发现一个规律，理工科出身的法官善于运用逻辑性思维，将理性的逻辑和感性的经验相结合，以期获得公正的裁判。而文科出身的法官更善于运用法条，属于比较典型的三段论思维方式，严格依照法律条文，分解规范要件，构造大前提，通过开庭等活动构建要件事实，最后得出裁判结论。年纪大的法官注重社会效果，年纪轻的法官追求个案正义。经验丰富的法官抓大放小，经验不足的法官严抠细节。但无论是哪个段位的法官，只有思维路径的不同，没有追求目标的不同，终极目标只有一个——公平公正。作为法律共同体，律师和法官面对的是相同的法律，相同的规则，相同的案例规范，那么必然面对相同的规则空白、规则多义和规则冲突，所以在案件中，需要沟通和探讨。

　　火花都是碰撞出来的。我曾经办理过一个二审案件，看完一审判决，的确认为裁判不是很合理，但审理后，认为判决结果并没有太大问题。于是，开完庭我的直接感觉是维持。后来，上诉人的代理人锲而不舍，反复跟我沟通，讲述他对案件的理解，试图改变一审的认定。开始我是非常排斥的，因为法官的前见和我开庭后的认定，已经形成了我完整的裁判路径，我不想去尝试改变，而人的本能又是朝着消耗最少的方向作出选择。但说实话，因为他有完整的逻辑，分析的事实也的确有认定空间，我不自觉地有一点松动，从一开始特别笃定要维持，到后来我打算重新梳理案件脉络，尝试换一个角度看问题，并寻找更为合理裁判的机会。最终，我对该案作了改判，结果是双方当事人都无异议，也没有一方选择申请再审。这个案件就是本书第一章中二审法官的用户视角中所讲的案例。虽然在调整裁判思路的过程中非常艰难，但当我找到自认更公平公正的路径后，改判是必然选择。因此才成就了二审判决"本院认为部分"的10页，相比一审判决"本院认为部分"虽然仅有半页，但是更能够以理服人，只要愿意精雕细琢，律师和法官可以共同做到。

　　从这件事之后，我开始意识到，法官虽然强势，有时不容置疑，然而，任何案件都不是绝对的。从一个点看过去，答案可能是 A，但换个角度审视，有可能答案就是 B，我们往往坚持，是因为思维惯性的快速反应，而如果换个思路会耗费更多精力，既然一条路径已经走通，为何还要另辟蹊径？然而，当案件事实真伪不明时，无论是在庭前、庭中，还是庭后，法官都希望在律师这里获得较为准确的判断，查明案件事实。但往往现实中很难实现，因为有的案子就是先天不足，那么，法官在办理此类案件时，除了法律知识的运用，还需要添加主观经验，这也是律师和法官共同面临的难题。有时或许法官暂时还没有将案件的脉络梳理清楚，这时就需要考验律师的法律功底和说服法官的能力了，因为你的意见就可能成为法官的"先入为主"，但前提是，律师需要对案件事实了如指掌，对法律关系充分厘清，并能对相关的法律空白和漏洞有自己的见解，并在合理范围内自圆其说。

所以，当信息量越少，就越考验判断力，而这种判断力又离不开法官思维。律师在办理这一类案件时，应当深挖证据规则，帮助法官找寻"出路"。当然，即便你想不到，未必法官就不会保护你的利益。

2. 提交代理意见的重要性

前面我们在谈判场景讲了《法律意见书》的制作，如果说《法律意见书》是给客户的案件分析，那么代理意见就是律师提交给法官的案件分析。

以我曾经的审判经历来说，绝大多数代理意见我是不看的。因为在高级人民法院，一、二审案件相对较少，每个案子开完庭心里都会比较有数，往往在写审理报告的时候，只要翻阅庭审笔录和自己的笔记即可，不太会去关注代理意见，若恰好代理意见又特别冗长的话，那就更不愿意看了。除非案件过去时间较长，印象有些模糊，才可能去翻阅律师的代理意见。如今，案件主体下沉后，绝大多数案件都积压在基层法院，想让基层法院的法官开完庭就趁热打铁写审理报告恐怕不太现实，而这恰好给了律师一个不可错失的机会，代理意见的重要性就凸显出来了。刚才我提到了，法官回顾案件的主要着眼点在庭审笔录上，那么假如庭审时存在遗憾，或者遗漏，代理意见就可能成为一个完美的补充和对律师诉讼路径的进一步强化，并试图在文字上与法官碰撞出火花。

我个人的观点是，代理意见不需要很长，针对主要焦点问题，和你在庭审中认为法官对某一点不太确信，而这一点又是你必须要争取的。以此为重点，对于一些证据充分，事实清楚的部分，可以不用展开，避免没有重点。

简而言之，提交代理意见不是让你长篇大论。法律不仅需要理性的思考，更需要文字功底的修炼。法律语言的特点是严谨、简练，符合"信、达、雅"之要求。律师在讲述观点时要重点阐述核心问题，各个角度呈现，切忌啰唆重复。

（二）案件复盘

1. 复盘三要素——稳、准、狠

前面我们已经讲到，法官的案件量太大，需要"短、平、快"，那么律师如何做，才能有效配合法官"短、平、快"的节奏呢？我们复盘一下是否能够做到如下三点：稳、准、狠。

（1）稳

稳住客户是律师工作的第一步。特别是在海量案件涌入基层法院，办案人手又严重不足的情况下，很多案件从立案阶段就开始卡壳，如期审结更是不易，当事人往往拿着法条催问律师，因为他们无法理解其中缘由。有担当，是成为好律师的先决条件。

法官的"短、平、快"是为了提高办案效率，若律师也追求"短、平、快"，在客户眼中，就成了付出与回报不成正比。既然接受了委托，客户也支付了相应的律师费，自然应当将案件做扎实。优质的服务，良心的工作，及时的反馈，是稳定客户情绪的关键。消防员，心理咨询师，人民调解员……都是稳住客户所需的角色。

管理客户是律师一生的功课，作为法律职业共同体，帮助客户尽量理解法官吧。稳住客户，仅是第一步，在诉讼案件中，最终还是要取得法官的支持，实现对客户的正反馈。

（2）准

由于庭审时间短，办案任务重，律师必须在较短的时间内，最大限度地展现案件的焦点和逻辑。这就要求律师必须做到精准、简洁，集中精力命中要害，方能跟得上法官"短、平、快"的节奏，打好庭审战役。

记得我曾经审理过一个二审案件，律师完全没有找到正确的上诉思路。在庭审中，我们三个合议庭成员，反复问代理人是否要坚持他的理由，他都没有接招。其实，高级人民法院的法官可能还有时间多问你两句，中级人民法院和基层人民法院的法官根本没空问你那么多。失去了精准，何谈胜诉？

那么，如何精准？如何简洁？法官思维模型告诉你。

去粗取精，化繁为简，是法官思维模型建立的初衷。律师应当借鉴法官思维模型的特点，通过可视化的表达，清晰呈现诉讼路径，单点打透，方能破局。唯有如此，才能在精准的基础上配合法官的"短、平、快"，否则，律师不仅没有成就感，还会丧失很多机会。

（3）狠

与法官的交手时间很短，更多时候律师是在跟自己较劲，所以，律师的"狠"，功夫都在庭外。

前段时间，有个当事人想对民事调解书申请再审，我当然知道难度有多大，特别是在充分了解案情之后，我帮助客户梳理了法官可能的审查思路，希望客户知难而退，客户却坚持委托。

受人之托，必忠人之事。总之，接受委托后，我花了大量时间仔细梳理案件，整理证据，最后制定了两步走的策略，申请再审的同时，另行提起一个确认之诉，力争颠覆调解书的基础法律关系，以申请再审为手段，以确认之诉为目的。在书写再审申请书的时候，我用法官思维抽丝剥茧，客户对再审申请书非常满意。优点是工作得到了认可，缺点是客户的理想预期又被调高了。此时又将回到"稳住客户"的要素中，形成一个正向循环。

当然，"死磕"也要讲究方法，效率不提高，律师的幸福指数从哪儿来？毕竟每个案子都精雕细琢并不现实。借助法官思维模型帮助律师提升效率，不必对自己那么"狠"。

2. 程序复盘——开始

为了与前面的内容相呼应，我们通过第二章中的（钢材）买卖合同纠纷这一具体案件来讨论如何复盘。

首先从程序上进行复盘，符合法官思维中程序性思维的要义，任何案件，程序的重要性都是不言自明的，此处不再重复。

就本案立案管辖的问题，律师已在《法律意见书》中给出了较为充分的风险提示，即："如果贵司坚持向苏州市吴江区人民法院提起诉讼，对方定会提出管辖权异议，以约定管辖法院在湖南长沙为由，就此，前面已经分析，湖南长沙与本案不具有实际联系，移送的可能性并不大。但是，如果移送到被告所在地，或法院认为，因贵司的诉讼请求是继续履行合同，履行合同义务的一方所在地和被告所在地均在杭州市下城区，很可能会将案件移送杭州市下城区人民法院，导致立案不稳。即便一审法院裁定驳回对方的管辖权异议，二审对方若上诉，仍然有移送的风险。"

接受客户委托后，客户坚持向苏州市吴江区人民法院提起诉讼，于是，起草《起诉状》，向苏州吴江区法院递交立案材料，顺利立案后，被告浙江××公司向法院提出管辖权异议，要求将案件移送至湖南长沙，理由是合同中明确约定"依法向合同签订地人民法院起诉，合同签订地为：湖南省长沙市芙蓉区×路Y号Z层"。吴江法院驳回了被告的管辖权异议。后被告向苏州市中级人民法院提出上诉，请求"撤销一审裁定，将本案移送至浙江省杭州市下城区人民法院或者湖南省长沙市芙蓉区人民法院管辖"。

二审法院作出裁定，内容为：本院经审查认为，首先，本案不存在有效的管辖协议。案涉《钢材产品购销合同》未经双方盖章签字，其中载明的管辖条款不能视为双方达成的合意管辖约定，不能作为确定本案管辖的依据。其次，因合同纠纷提起的诉讼，由被告住所地或者合同履行地人民法院管辖。合同对履行地点没有约定或者约定不明确，争议标的为给付货币的，接收货币一方所在地为合同履行地；交付不动产的，不动产所在地为合同履行地；其他标的，履行义务一方所在地为合同履行地。即时结清的合同，交易行为地为合同履行地。合同没有实际履行，当事人双方住所地都不在合同约定的履行地的，由被告住所地人民法院管辖。本案双方当事人没有约定合同履行地，故应依法根据争议标的即当事人诉讼请求所指向的合同义务内容来确定合同履行地。本案中，苏州×公司依据微信聊天记录、网上银行电子回执等初步证据，起诉要求浙江××公司继续履行合同、交付货物、赔偿损失等，争议标的属于上述法律规定的"其他标的"情形，故本案的合同履行地应为履行义务一方所在地，即浙江××公司住所地。综上，本案被告住所地和合同履行地均位于浙江省杭州市下城区，故一审法院对本案依法不具有管辖权。上诉人的上诉请求成立，本院予以支持。综上，依照《中华人民共和国民事诉讼法》第二十三条、第一百七十条第一款第二项、第一百七十一条、《最高人民法院关于适用〈中华人民共和国民事诉讼法〉的解释》第十八条规定，裁定如下："一、撤销苏州市吴江区人民法院（2020）苏0509民初×××号民事裁定；二、本案移送浙江省杭州市下城区人民法院处理。"

从立案到管辖权异议二审裁定作出，前后历时半年。整个程序与律师预判一致。但因为"有言在先"，客户不仅不会因此责怪律师，反而更认可律师的判断，增加了对律师的信任，对律师来说，是对客户预期管理更进了一步。从这个角度来看，复盘三要素中的"稳"住客户，算是实现了第一步。

通过对程序层面的复盘，验证了律师的预判，加强了对法院认定合同管辖权法律适用的认识，于客户而言，检验了律师对法律流程的熟悉程度。

3. 庭审复盘——过程

如果说实体复盘关注的是法官思维模型的起点 S，庭审复盘就是法官思维模型中的过程管理，是从点 T 俯视全局。

前已述及，律师的主要功夫在庭外，但庭审也会直接影响案件结果和走向。我身边一些律师，往往在拿到判决后，跟我分享其在法庭上的表现，回顾某个环节是不是没注意到，某个问题是不是没有回答好，或者是否忽略了什么细节，等等。这说明，庭审的确是门遗憾的艺术。这就需要我们认真复盘整个庭审过程，查漏补缺，为之后的诉讼积累经验。

本案移送杭州市下城区法院后，就立案材料的一些问题，法官曾经给我打过一次电话，提及对方保证金已经全都退还，合同已经解除。这和我最初对案件的预判一致，法官有可能认为当事人要求继续履行合同的诉求不会被支持，但是在初始阶段，这仅是法官的初步判断，律师不可能全部告知当事人，徒增管理当事人预期的难度。因为，律师是法官的"防火墙"，同理，法官也是律师的"防火墙"，在客户没有充分准备接受诉讼请求不被全部支持的情况下，律师最好的选择就是交给时间，待庭审后结案前，再逐步渗透。有了对案件走向的预判，我将重点放在了证明损失上，开庭前，我准备了两份主要证据：一份主要用于证明双方的基础法律关系，以及合同的履行情况，共292页；另一份证据用于证明原告的损失，共146页。针对被告提交的证据，我还准备了一套补充证据，用于反驳被告，共29页。由于双方证据较多，第一次开庭仅完成了证据交换部分。

在准备第一次证据交换的过程中，我把重点放在了证明损失上，希望以此来实现让法官对对方的违约给原告造成损失有一个量化的认识和感觉上，而不再把重点放在合同是否解除，双方还有继续履行的可能上。因为，有了一次前期跟法官沟通的过程，再加上自身的职业经验，我也认为下功夫去解释双方为了达成新的合意才发生退款，而不是要解除合同、取消合作。此时，更有价值的应当是争取挽回损失，尽力弥补。

在此次复盘过程中，我也发现了一个有意思的现象，因为我的法官经验，我直接看到了结果，所以在继续履行合同这个问题上，不那么主动争取，而这一点，与我的搭档恰好形成了鲜明的对比。由于他不会笃定地相信某一个结果，那么就会全力争取所有诉求均被支持。与我的"集中优势兵力"正好形成了互补，其实，现在看来，如果有客户在场，像他这样的律师可能会比我更让客户感到满意。

我们在讲庭审场景的时候说过，庭审有时是"表演"。对这一点，做法官的时候不太理解，做了律师之后，完全理解了，其实这也是"稳"住客户的一种方式。

第二次开庭时间定好后，我希望客户能够与我一同参加庭审，一是希望让客户看到律师的努力工作，二是希望客户能直观感受到法官的态度、庭审的氛围，对案件的可能趋势有个心理准备，也更有利于客户接受最终的结果。但客户表示全权委托，给了律师极大的信任，这份信任得之不易，但想到结果，还是觉得沉甸甸的。

开庭后，法官首先进行了庭前调解。从我以往的办案经验来看，法官应当是认为被告确实存在违约，但因保证金已退，不能因此再追究保证金返还后的可期待利益，但如果仅支持资金占用费又有失公允，此时，最好的选择便是调解。一方面，是对被告违约责任适当地惩罚，另一方面，是对原告损失的一定补偿。这样的结果可谓"皆大欢喜"。我当然是没问题，只是调解的金额多少是我需要把握的，但由于客户没有亲临现场，反馈受阻，此时我拨通了客户电话，先告知客户大体的情况，然后请法官做当事人的调解工作（因为法官的庭前调解是分别进行的，所以此时法庭只有法官、书记员以及原告代理人）。法官提出，在原告付款到被告退款的时间段内，本应当履行而没有履行的合同，按照钢材的溢价，把差价补给原告，算是弥补一定的损失，而退款实际发生之后其他合同的可期待利益不能计算在内。客户最终认可了法官的调解方案。

回到我们本章第四节中讲的内容，在法官的居中帮助下更有利于调解的达成，就本案而言，如果没有法官的调解，案件的结果在我看来并不乐观。本案中，对法官裁判思维和路径的精准把握是律师在庭审中协助法官实现"短、平、快"的法宝。

4. 实体复盘——结果

复盘了程序和整个庭审过程之后，就该复盘案件结果了。这是法官思维模型中的终点，即线段 AC。

对客户来说，往往有了结果之后，客户只关心有没有得到想要的结论点 A，或者得到的结果距离点 A 偏离了多少，而这也恰好符合从终局性思维的角度对案件进行整体复盘。但对律师来说，不仅需要审视结论，更重要的是通过对法官思维模型底面的审视，来复盘通向结果的趋势里，哪些是对的，哪些是需要修正的。这个阶段不仅是对律师最初诉讼逻辑的检验，也是对若存在不被法院支持的部分，应当如何寻找差距的问题。

以判决结案的案例，在本书的其他章节都已经讲过很多，本案的结果是民事调解书，被告半个月内便履行了支付义务。就该案件的结果来说，符合律师的判断，而关于案件走向调解，不仅在最初的《法律意见书》中，律师向客户提出了和解方案，而且在整个诉讼过程中，律师也在不断强化当事人对诉讼调解的认知。同时，律师在开庭前跟客户的多次沟通中，提出了本案调解结案的概率较大，有可能是对客户利益保护最行之有效的途径之一，进而了解客户可能接受的损失赔偿数额的范围。在此过程中，随着客户对律师信任度的增加，加之其逐渐看到诉讼中争议解决的不易，当事人对调解金额的认知也在不断趋于理性。这也体现了律师在整个案件中对案件脉络的"准"确把握。

调解后，诉讼费降低，由被告承担，降低了当事人的诉讼成本，同时又实现了客户在诉讼中可期待利益的最大化，既节约成本，又提升效率。这实现了法官、律师、当事人多赢的局面。

通过对全案的复盘，对我最大的启发是：

第一，过程铺垫与结果并重，让客户感受到服务的价值。

做律师之后，需要对法官习惯和法官思维进行调整，使得自己抱有乙方心态，以便提供更优质的法律服务，才对得起客户对知识、时间的付费。而对于未必很清楚法律行业的客户来说，时间和工作量难免成为当事人衡量服务质量的标准。

第二，如果没有充分管理好当事人的预期，服务过程再艰辛，也会被当事人认为只要没有结果就是无用之功，感受不到服务的价值。

总之，法律服务或许是服务行业领域里最难的，要面对不同的当事人，在争议交锋中完成对己方当事人利益的保护。节奏的把握至关重要，如此看来，适度地放缓节奏，并不是懈怠，可能是种智慧。

（三）案卷归档

有关案卷归档，律师往往没有法官那么重视。而如果要从法官思维来看的话，卷宗的装订是案件的暂告段落，也是未来有据可查的凭证，更是法官辛勤结案的体现。

记得我在法院刚开始从事审判工作时，前辈就告诉我，对法官来说"卷宗可是命"！而之前闹得沸沸扬扬的"丢卷门"事件也终于在我撰写本书时有了一审判决的结果。这些都恰好表明了卷宗的重要性。对法官来说，当事人提交的任何一份材料，哪怕是一张小纸条，都不能随便丢弃，必须归入卷宗，存入档案室，一个案子才算基本落定。因为在保管期限内，无论是相关当事人，其他法官，还是上级法院可能需要随时调卷阅卷，不能因为卷宗的形式问题给法官带来麻烦。

为什么卷宗那么重要？举个例子，我曾经办理过一个二审案件，当时因为我在法庭上问了上诉人一个比较犀利的问题，导致上诉人认为我有偏袒，在案件维持之后，他向最高人民法院申请再审，说在我开庭的时候，对一份重要的证据没有审查，后来最高人民法院调卷的时候，审查了二审的庭审笔录，书记员明确记录了我当庭询问的情况，而且，合议庭成员及各方当事人也都在庭审笔录上签了字。此外，他说的那份证据也在卷宗中留存，他的申请再审理由显然不能成立。但如果不是因为卷宗整理细致，程序尽可能做到完善，恐怕会因此引起争议。

至于案卷应当怎么整理，不是本书的重点，简而言之，就是将与案件相关的材料，按照成案的时间先后及诉讼逻辑，归类整理。具体内容包括：法律服务合同、授权委托书、当事人身份证明、律师费发票、法律意见书、起诉状（一审案件）、财产保全申请书（如有）、反诉状（如有）、管辖权异议资料（如有）、上诉状（二审案件）、再审申请书（申请再审案件）、抗诉申请书（申请检察院抗诉案件）、拘留通知书/取保候审申请书、阅卷笔录（刑事案件）、谈话笔录、证据材料（经过整理）、法院的系列通知文书、庭审笔录/谈话笔录/听证笔录/调解笔录、代理意见、判决书/裁定书/调解书/撤诉申请，等等。个人建议，卷宗留存一套电子版，如果可能的话，附上律师的电话、微信二维码，交一份给客户留底备案，增加复购的可能。

CHAPTER 3

第三章

职业选择篇

关于选择，是个仁者见仁、智者见智的问题，本章希望通过我的一些个人感受为新手律师或新手法律人提供选择思路，不能解决读者所有的迷茫，至少能让你们的选择不那么盲目，供读者参考。

一、身份选择——律师还是法官？

成为一名法官，对我来说，不算是一种选择，更像是生命的偶然、人生的际遇，没有预设，更没有准备。

结束了14年的军旅生涯，在与各个不同公务员单位之间的双向选择中，最终进入了陕西省高级人民法院。当时选择的理由非常有趣，陕西省高级人民法院独门独院，不像其他政府大院部门交错，人际关系复杂。自此，意味着一个工科生将翻开人生的新篇章。

通过国家司法考试之后，我从一名工科军事院校的老师，成为一名高级法院的法官，在商事审判庭主审公司类诉讼案件。7年后，我决定离开法院，再次启航。

先说说辞职这3年的感受吧！

辞职3年，羡慕夸赞的话听了很多，有人找我要经验，更多的是想寻求明晰的路径，以便辞职之路走得平顺。毕竟，这是一条不归路，踏出来，可能星辰大海，也可能万丈深渊。个中滋味，各自体会！

向我提问的人，大多怀着离职的憧憬与冲动，希望在我的鼓励下，成功转型，将冲动成长为勇气，然而，没有哪条路可复制，也没有人可以随便成功，所以，我还是会选择性地并诚意地奉劝你，不要轻易辞职。

无论你是否已经实现了你的理想，抑或是为生存努力突破，找寻出路，生活都将以前所未有的节奏向前奔跑，毫不留情。

（一）理想很丰满——我要自由

于我而言，3年辞职后的生活，充实、淡定，不乏焦虑，也不乏欣喜，更多的是成长与坦然。

记得刚辞职的时候，连呼吸都是自由的，这正是大多数人眼中辞职应有的模样吧。"生命诚可贵，爱情价更高，若为自由故，二者皆可抛。"有种仗剑走天涯的豪迈，有种志当存高远的境界，然而数月后，便增加了几许生活所迫的惆怅。

"自由，不是你想干什么就干什么，而是你不想干什么就不干什么。"想不当法官，就不当法官，这是我的自由，也是组织的尊重与成全。但，没有了稳定的收入，你想在家躺着就躺着，恐怕就不是自由的应有之义了。

裸辞，未必适合每个人，重要的是，你是否预判了最坏的结果，并为此做足准备。

辞职后，做授薪吗？这或许是过渡期最稳妥的选择。收入翻番，不必挖掘客户，无须担心案源，在日常工作中提供法官裁判思维，对重大疑难复杂案件，通过模拟法庭进行分析和梳理。很安稳的路径，也可以将曾经的职业履历迅速变现。毕竟，先吃饱饭，再谈理想。

然而，20年体制内稳定的生活，"安稳"这个字眼，对我来说略微稀松平常。出生于军人家庭的我，虽然吃穿不愁，但也称不上大富大贵，可是，规划好的人生，总觉得缺了点味道。没在惊涛骇浪里扑腾过，怎能说人生没有缺憾？但是，你要知道：这条路，是不归路。

所以，但凡你还有一丁点犹豫，我不劝你辞职。

辞职的第一年，我在家待了8个月，恢复英语学习，报考雅思，申请留学，我想要的放飞，是可以去更远的地方，见更大的世界。记得2019年的春节，我和姐姐在马来西亚过年，站在吉隆坡的电视塔上，我说要换一种生活方式，无论多苦多难，都会坚定不移。

如愿拿到录用函，却在疫情的严酷现实下，先申请了延期，后选择了放弃。毕竟在我这个年纪，经历更重要，不能享受自由的校园生活，不能与同学、老师自由地交流探讨，更无法体会异国他乡的风土人情，这本身，便失去了意义。内心曾沮丧过，但仍然相信人生没有白走的路。既然出国不成，那就去最好的城市，见更好的自己。

这一年，我与自己和解了。

在一个陌生的城市打拼，不认识人，找不到路，归零的心态是必须，但归零的结果你准备好接受了吗？

辞职的第二年，我开始选择打拼的方式和打拼的城市，毅然选择了上海。很多人不解，问我为什么要离开生活和工作了20年的地方，放弃熟悉的环境和成熟的人脉圈，选择一个陌生的城市。对此，我能给出最真实的答案就是——喜欢。

图67　吉隆坡电视塔上拍摄的吉隆坡全貌

最初的几个月，我每月来上海的姑爷爷和姑奶奶家住一两周，他们给了我归属感，助我以最快的速度熟悉了这座城市。感受过夏天的雨，领略过秋天的烈，于是，便多了几分抵御冬日寒冷的底气，我毅然决然地来了。

没有案源，找不到抓手，最初的工作以写作和讲课为主，将过往的积累大量集中地整理输出，创建了法官思维模型，并且在一次次分享后，总结、调整、升华、修正，打通思维模型任督二脉的同时，我似乎也触到了融入全新生活的一把钥匙。于是，在焦虑中学会了平和，在陌生中学会了成长。在多家律所分享《法官思维带你破局》课程，在多个平台发表法官思维模型系列文章，并在"无讼""智合"等平台作了直播分享，希望有机会与更多的同行交流、探讨、切磋，提升和精进自己的专业领域。

图68 在多家律师事务所及平台分享课程

这个阶段，精神层面自由、丰盈、富足。物质层面，因为有留学的积蓄打底，倒不算焦灼。

所以，如果没有一定的物质储备，我不劝你辞职。

（二）现实很骨感——我要生存

辞职第3年，我开始适应律师的工作，面对骨感的现实。

你眼中的律师是不是电视剧里的样子，西装革履，才华横溢，妙语连珠，有钱有闲？

工欲善其事，必先利其器。于是，衣柜里便增加了很多职业套装，西装成了我的战袍。是铠甲，也是仪式感。

下图是司法部最新发布的规划，到2025年，全国执业律师将达到75万名，这恐怕才是律师真实的现状吧。

全国律师执业人数统计数据

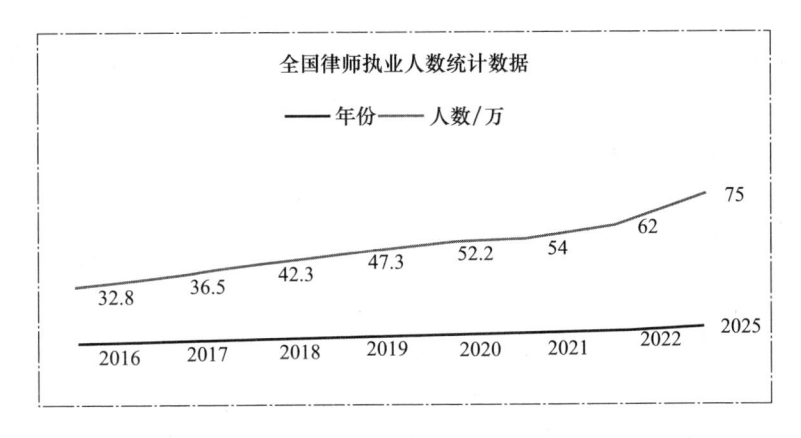

年份	2016	2017	2018	2019	2020	2021	2022	2025
人数/万	32.8	36.5	42.3	47.3	52.2	54	62	75

图69　全国律师执业人数统计　（来自网络）

竞争，成了律师行业不可回避的词汇。可是，在这个最好的时代，除了接纳挑战，逆流而上，你还有更好的办法吗？

做法官的时候，总以为律师赚钱容易，常常认为能力不如法官的人，为什么赚得盆满钵满。那时候，办理过一起律师起诉委托人，要求支付1000余万元律师代理费的二审案件。不看案件事实的时候，对那个高额的代理费还是相当耿耿于怀的。然而，时过境迁，境遇和经历的改变，让我更加理解了律师的不易。

法官的传票来得不期而遇，客户的要求来得随时随地。

当你做法官的时候，你可以按照自己的工作计划安排开庭。而作为律师，律师的时间是法官的，更是客户的，也就是说，当你忙的时候，你的时间是被别人安排的。当然，闲的时候，你的时间由自己掌控。但对于刚刚进入转型期的人来说，应该是宁愿忙吧。

所以，如果你对规律的作息和时间的掌控有执念，我不劝你辞职。

这世界上有两件事最难——

"把别人的钱装进你的口袋"；

"把你的思想装进别人的脑袋"。

律师，不就是在做这最难的两件事吗？

把自己对案件的理解装入客户的脑袋，获得客户信任，将客户的钱变成律师的代理费，同时，将律师对案件的认识输入法官的脑袋，获得法官认可，以保证钱袋子的安稳和累加。做法官的时候，不喜欢律师高额的代理费，做了律师方知代理费其实收得很良心。能收到高额代理费的，也是经过长期积累才获得的。

坐在审判席上，天然有种底气，而当你选择从审判席下来，坐在代理人位置上时，就应当尊重角色的改变，偶尔被法官训到，也是再正常不过的事。

所以，如果你不愿放低姿态，我不劝你辞职。

总而言之，法官基于中立地位可以心无旁骛地研究案件，无须重点关注任何一方当事人，但作为律师，除了钻研案子，还得钻研客户心理，因为律师是法官的"防火墙"。如果案件走势喜人，管理客户预期自然容易，但如果趋势反向，即便律师在代理之初已经提示和告诫过客户，也不容易获得客户的认同和理解。因而，没有绝对的自由，只有在熟悉了现实和生存方式之后的游刃有余，当你适应了新的生活状态，安稳得没有波澜也好，焦虑得常有惊喜也罢，你都可以找到"自由"。

（三）拥抱不确定，自我成长

回顾辞职的这些年，第一年，认识自己；第二年，谨慎选择；第三年,找寻节奏。

这些年我体会和看清了真相后,激情被沉淀,理想被过滤,角色转换,初心不改。

没有凡尔赛,生活就是朴素而真实的;

没有乘风破浪,悦纳为理想而作出的不同选择;

更没有追悔莫及,只要见过更高的山峰,人间便是值得。

无论选择哪条路,哪种生活方式,都是喜忧参半。但大多数敢于离开体制的人,干得都不会差,至少拥有这份勇气的人并不多。

焦虑,是律师的日常,看着身边的同行者,我想,我们并不孤单。

以上是我离职后的一些感想和汇总,可能仅代表自己,也可能会与法律职业共同体产生些许共鸣。总体来说,每个人都有自己的选择和信仰,比如,有人相信车到山前必有路,愿意摸着石头过河;有人认为必须做好计划,才能万无一失,不迷失方向。毕竟,个体的性格不同,选择不同,行为模式也不同。而人选择什么样的工作,就决定了自己的成长路径和速度。比如,法院的工作有助于将人的性格塑造得沉稳、冷静、有大局观,而律师职业则有助于发挥人性格中的开朗、钻研、善于沟通的一面。人又是多变的,会不断在职业中成长,以期成为最适合该职业、身份要求的人。从这个意义上来说,选择身份对一个人的成功很重要。但是,人性格中有些东西是根深蒂固的,选择符合自己天性的工作才更易获得成功。如果要进行二次选择,则需要考虑机会成本,结合自己的工作经历,扬长避短,才能找到最适合自己的位置。

既然变化和不确定性是永恒不变的真理,那么,不如试着豁达,让一切既尽在掌握,又可随机应变。

总之,提前规划,然后按部就班,还是步步夯实,顺势而为?没有标准答案,认清你自己,遵循你自己的节奏,就是胜利。

二、 律所选择——选律所还是选老师?

说到律所选择,我们先看看律所的分类和主要特点。我国的律所按组织形式可分为：个人所、合伙所、国资所；按人数规模可分为：小微所、小所、中型所、大所；按薪酬模式可分为：提成制、公司制、混合制（提成＋公司）；按综合实力可分为：红圈所、头部所、普通所；按投资来源可分为：律师自己投资的所、外部资本控制的所；按决策方式可分为：民主管理所、个人独裁所；按业务类型可分为：精品所、综合所。

这么多律所的分类，在实际的选择过程中，其实对于职场新人来说，要么有人引路，要么广泛撒网，大多数都是凭着对律所的认知程度和口碑作出选择，很难会有特别清晰、理性的考量依据。相反，新手律师更多会考虑的可能是——选择一家律所，还是选择一位老师，更为务实。

以我自身的经验来看，除非拿着顶级名校的学位证书，可以熟练掌握并使用至少一门外语作为工作语言的，红圈所的门大概是很难进的。而且，对于新人来说，即便进入这样的平台，若是能力不相匹配，又没有领路人真心愿意带你，可能很快会被淘汰，不仅很难感受到平台的赋能，还可能成为一场虚荣的幻影。

大多职场新人往往都是通过朋友、家人、老师的介绍，先找到一个适合的带教老师，毕竟一年实习期，说长不长，说短不短，如果不能打牢基础，即便拿到执业证也无法胜任律师工作，最终还是在走弯路、绕远路。法律行业，应当是师徒制的，在体制内，如果有个师父愿意带你，办案水平的提高也是肉眼可见，同理，新手律师，如果有个老师愿意倾囊相授，其实是件幸事。

然而，在实践中，好师父遇不到好徒弟，好徒弟找不到好师父。一切皆是缘分！

要说选律所还是选老师，我们还是要从律所的薪酬模式切入讨论，因为，律所的薪酬模式不仅决定了律所的架构，也决定了律师在其中的成长路径和发展空间。

对于一些规模化的律所，很多仍然选择了提成制的模式。它的组织形式基本是以点状为主的网络型扁平组织，律师之间的联结相对松散，以每个人单打独斗为主，偶尔不同律师之间进行案件合作。在这种模式下，一个律师就是一个队伍，要成为他/她的助理或实习律师，就意味着他做什么你学什么。但因为律师之间的关系较为松散和同等，你可以在这样的组织模式中，建立更多的律师合作和学习关系。

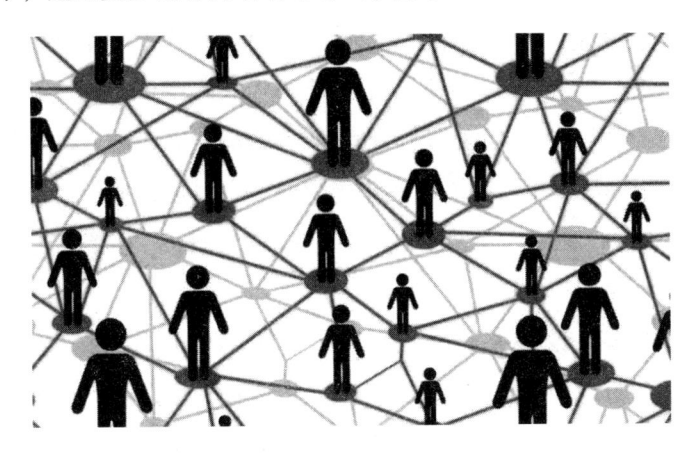

图 70　网络型扁平组织

另一种薪酬模式就是公司制，在这种组织下，主要是合伙人律师团队内部的组织模式，即高级合伙人带初级合伙人，再带工薪律师和律师助理的模式。在这种层级型组织中，有着比较显著的地位差别，更形象地说，就是有很多"山头"，而"山头林立"的结果可能是完全在这个团队内部自行组织，无法跳出去看另外的世界。

图 71　层级型组织

还是说说我离职后选择律所的心得吧！

——选当下最适合的，未必是最正确的。

有句广告语说得好，只选对的，不买贵的。其实律师选择律所，不仅是在选择一个平台，也是在找寻归属感。平台能否为律师赋能，不仅有平台本身的力量，更多还来自律师是否有能力借平台赋能，因此，优先选择彼此"能对上眼"的。相对体制内而言，律师属于自由职业，尽管不需要一个律师一生在一个平台终老，但频繁跳槽亦不可取，而任何时期的选择又是动态变化的。因而，在当时当刻，用相对较长的发展眼光去审视选择，审慎抉择便好。

2020年对我来说是一个全新的开始，离开西安，来到上海，我需要先找到一个适合的律所，通过实习期，拿到执业证。我选择了几种不同生态下具有代表性的律师事务所分别去面试。首先，我选择了精品所，该所的运营模式采取一体化，团队作业，这类型的律所相比于提成制的律所更需要人合性，只有甘愿成为组织中的一颗"螺丝钉"，才能很好地融入，并为集体打拼和奋斗。但是，这样的组织对我来说，缺少一定的自由度，虽然以我在体制内的经历来说，团队工作模式更具吸引力和安全感，相较于单打独斗也更具战斗力。但是，对当时的我来说，需要快速适应律师生活，了解律所生态，一体化的律所模式对我来说有点"高不成，低不就"，如果年轻几岁，我可能会毫不犹豫选择一体化的律所，从较基层做起。

后来，我去了一个提成制的规模所，扁平化管理，从逻辑上来说，我有机会与律所其他任何律师建立联结，而且在这种管理模式下，我的工作状态和工作方式都相对自由，适合当时当刻那个需要野蛮生长的自己。

这两年里，我办理了几十个案件，完成了几十次演讲，分享了多次相关课程，这些都是平台赋予我的。通过律所的平台，多次组织线下交流，让大家认识我，熟悉我，了解我，最终愿意与我合作。虽然说扁平组织更有利于建立人与人之间的联结，但是这种联结实则具有偶发性，而且不具有紧密耦合的可能，尤其在这个律师行业竞争激烈的时代，真正的捆绑对每个个体的价值观要求都很高，这需要在长期的交流、合作、学习过程中逐步沉淀积累。

自由，是要付出代价的，散兵游勇，从效率上看，有其优势，但从战略上来讲，并不是一种可持续发展的模式。尽管很多律师习惯于独立的作业方式，但是这并不符合律师发展壮大的组织规则，于律所而言，无法发挥规模律所的规模效应；于个人而言，会在最短的时间内遇到瓶颈，而且凭一己之力很难打开新的天地，有所突破。在更复杂、更激烈的竞争中，单打独斗将不再奏效，此时，亟须调整战略，要么组织团队，要么转换平台。

我们说回选择，如果说我更多考虑的是选择律所，那么对于新手律师来说，不仅要考虑律所，还要考虑领路人。最好的当然是在一个喜欢的律所，遇到一个合适的指导老师。但如果二者不能兼得，一定要在指导老师和律所之间作出选择的话，职场新人还是优先考虑律所吧。因为在实习阶段，你更需要观察和了解律所的企业文化、律师的作业方式、律师的工作状态，以及自己是否喜欢或者适合这个职业。

假如你很幸运，在实习期间，遇到一位愿意倾囊相授的指导老师，这将迅速缩短理论到实践的距离。在此期间，你必须掌握基本的技术技能，包括分析、写作、起草、谈判和陈述的技能，需要你尽量多跟着指导老师一起工作，从谈判到报价，从起草法律文书到出庭，从检索到出具法律意见书，每个案子都能做到有始有终。同时，对于一个团队来说，还会有很多琐事，但一些新人往往因为这些事情看起来不够高大上，或者貌似与专业技能无关就充满抱怨，实际上，实习期间能力的培养和心性的磨炼，很多都是通过琐事造就的。具体明确的业务可以提升你的专业能力，而所谓的琐事提升和造就的可能是你全方位的能力。摆正心态，耐心观察，伺机而动，摒弃眼高手低，机会永远会眷顾有准备的人。

综上，如果大学毕业生入行，对于刚拿到律师执业证的律师来说，初出茅庐，我不建议直接选择松散耦合的提成制律所，除非你有很好的带教老师，否则，最好在团队中成长两到三年，就像新手驾驶员，需要反复上路实操，还要有个师父在旁边坐镇，否则执业风险会很高。但如果是从其他行业转入律师行业，大可不必从团队底层做起，可以根据自己的性格特点和工作方式，选择扁平组织结构的规模所，迅速扩张自己的品牌影响力，至少在律所内部先形成自己的势能，才能实现与平台的相互赋能。同时，还可以借助规模所的优势，对业务领域进行延展，对专业领域进行拓宽，结识更多优秀的人，为律师与律师之间的紧密联结奠定基础，真正发挥规模化律所的规模优势。就我个人而言，如果能遇到一个好老师，我会优先选老师；如果没有，那么再选适合自己的律所。虽说在这个行业，肯倾囊相授的老师已不多见，但一定有；如若不然，可以考虑在公司制的律所，跟着团队，从一颗螺丝钉做起，从人才梯队的第一层开始，打牢基础，步步上升，沉得住心气，耐得住寂寞，等得到繁华。

三、执业选择——专业化还是"万金油"？

我在这里谈到的专业化和"万金油"，只是描述一种生存状态，或者说律师的一种阶段性选择。因为我们不能说一个律师只做某个领域的案子，他就是专业化，而如果律师涉猎不同领域，他就是"万金油"、不靠谱。我所希望表达的是，青年律师在执业初期，是选择在一个领域钻研下去，还是多一些尝试，积累更多经验后再选择深耕某个或某几个领域。

如同律所的建设一样，是"先做大，后做强"，继规模化之后选择树立标杆，作出专业化选择，还是不追求规模，只钻研精品。前者就是从"万金油"开始，后者则是直接选择了专业化道路，贴上行业标签。很难说哪条路径一定是对的，无非是选择和契机所决定的。

说说我在法院的经历吧。

自从任命为法官，我一直在民二庭工作，法院民庭的分案方式基本是根据案由来分配。比如，民一庭主要是以房屋买卖合同纠纷和建筑工程纠纷以及传统民事案件为主，民二庭则是以商事诉讼案件为主，民三庭主要办理涉及知识产权和涉外类案件。说到商事案件，打开《最高人民法院新民事案件案由规定理解与适用》，第八部分"与公司、证券、保险、票据等有关的民事纠纷",涉及十一个二级案由、一百多个三级案由。从这种案件分配方式可以看出,法官的培养路径是沿着专业化的方向,充分聚焦。也就是说,法官的职业训练方式属于窄化路径,沿着某一个领域不断钻研、探索,对此类型案件谙熟于心,以不变应万变。然而,不同于律师,法官无须找案子,给你的就是你擅长的,但作为律师,擅长的领域却未必可以成为赖以生存的选择,或者说不一定能成为你执业起步阶段就精准定位的客户和案源方向。比如说我,我擅长的领域是商事诉讼,然而这类案件的主体往往是企业客户,但如果没有一定的积累和相对广泛的人脉,想要在一个陌生的城市迅速获得商事诉讼领域的客户,并不是一件容易的事。此时,就不能急于贴标签,而是应当先屈服于生活,拓宽自己的执业领域和范围,即便是曾经并不擅长和经手的案件类型,也可以在快速学习和研究后,尽快开展工作。这也就是为什么很多青年律师都是从"万金油"状态开始的原因。因为就个人而言,执业初期很难在某一个具体领域聚焦,并拥有稳定的客户和足够的案源,如果又没有在这个领域足够亮眼的成就,再加上单打独斗,可能生存都会成为问题。此种情况下,"万金油"就是一个必不可少的阶段和选择,先将执业方向"规模化",在完成了基础搭建之后,再选择在某一个或几个领域深挖,可能才是王道。

通过我的职业经历,我的体会是,即便法官的培养路径窄化,但当你长期聚焦于某一领域并深入钻研之后,触类旁通就会变成一件更容易发生的事。这就类似精品律所的规模化转型一样,有时候需要适度扩张,以有效整合资源,满足市场需求。试运营一段时间后,可以只投放一类客户,这样就不再导流其他领域的客户。此时的专业化是自我选择的。

无论是先专业化后再适度的规模化,还是规模化后再聚焦某个专业领域,只是方向不同,没有优劣之分。有的时候,一个专业钻透了,触类旁通,想拓展也更为便利;有的时候,接触和研究的领域多了,明确了自己的擅长和优势领域,再聚焦或者转换赛道,也是不错的选择。比如,一开始我只会做商事诉讼,但是在工作中,我延展了自己的工作范围,办理了一些婚姻家事案件,在这类案件中,又有可能涉及离婚纠纷中的股权分割、合伙份额分割等财产分割问题，通过对这些案件的办理，可以打通商事诉讼和传统家事案件之间的壁垒，更好地延展本来窄化的专业领域。而因为有商事诉讼的基础，延展和拓宽起来，相较于仅做婚姻家事案件的律师来说，又显得更为驾轻就熟。

可见，专业化还是"万金油"只是一种暂时的状态，无论是律师还是法官，都应当信奉一个真理——专业为王。不管是直接选择一个领域，还是在多领域尝试后，再主攻某个领域，都离不开专业的加持。有人说"万金油"律师不靠谱，可是真正厉害的资深律师才是能把多领域都打通和吃透的吧，但往往因为人的精力是有限的，我们才会尽可能地聚焦，让自己从一个专才成长为一个通才，再进化为一个优质的专才吧。这个过程需要时间的积累，品牌的定位，需要律师耐得住寂寞，打造属于自己的法律服务产品。

在我看来，这两种选择的底层逻辑都是专业，只是聚焦程度不同。若要铺就专业化道路，离不开匠人精神。虽然很多人喜欢用"司法民工"来形容律师，但我认为，律师是一个高级的职业，应当多些匠人的气质，对专业深耕细作，对业务精益求精，却不是仅把律师当成一份糊口的工作，降低了律师的职业尊崇感。

我见过很多律师，往往那些把做律师当成事业的人走得更远。道理很简单，如果你是用体力劳动换辛苦费，像民工一样，你永远只能低头赶路。只有当你拥有了职业的尊严，并追求事业享受的时候，你才能既低头赶路，又抬头看天。当然，往往后者也是从职业逐步上升为事业的，因此，我们说目标的选择很重要。这就是马斯洛的需求层次理论的律师业表达。诚然，随着律师数量的激增，甚至有人不得不转行另谋出路，即便如此，法律服务行业仍然应当保留其应有的尊严。

人的精力是有限的，做渠道、做营销，还是做品牌、贴标签，没有固定答案，"你若盛开，蝴蝶自来"。我们常说，在律所，一伙看专业、二伙看创收，高伙看人品。可见，只有从专业开始，你才能一路上行，迈上更高的台阶。

四、领域选择——非诉还是诉讼？

（一）非诉律师和诉讼律师的区别

表 2 非诉律师与诉讼律师

区别点	非诉律师	诉讼律师
业务方向不同	公司合规审查、股权架构、公司合并分立、并购重组、出具法律意见书、合同谈判等	民事、商事、行政、刑事四大类业务，业务领域跨度大，区分性强，很难相互融合
战场不同	基本不出庭，主战场在办公室、会议室，参加各种会议讨论和研究，核查资料，进行文书修改。工作成果是各种文案和法律意见书、协议书等	主战场在法庭，对手除了律师，还包括法官和当事人，提供诉讼思路，选定诉讼策略，对诉讼结果影响深远。主要成果是法院的判决书、裁定书、调解书等
专业要求不同	工作内容复杂庞大，程序化和模块化明显，文书写作能力要求较高，理论水平要求相对较低，非诉律师通常对于团队的依赖程度更高	对律师专业水平、口头表达能力和现场反应能力要求都较高，律师个人诉讼能力与诉讼结果有一定关联，诉讼律师具有更高的独立性
客户类型和收入振幅不同	业务通常可以持续进行，收费价格固定，属于较为稳定的收入来源。如企业常年法律顾问、大型基建项目的法律服务这类非诉业务的持续时间通常以年为单位	诉讼具有偶发性和不可预料性，案件与案件之间也不是连续存在的，由此造成诉讼律师的收入依赖于案源，对青年律师尤其如此

（二）诉讼和非诉的关系

青年律师究竟是先做诉讼还是先做非诉，大可不必划分太清楚，因为二者并不是两种独立的存在，而是相互依存的关系。诉讼前期向企业出具的法律风险分析、诉讼策略分析，以及诉讼期间撰写的起诉状、答辩状、代理意见等文书均是一种非诉法律能力的运用。而且，资深律师常说，一个律师得有几个顾问单位，以常年的法律顾问费保证生活，再靠诉讼案件赚钱。因此，在为企业提供常年法律顾问、项目专项法律服务的过程中，会有更多机会接触到企业、项目出现的争议问题，从而接手相关的诉讼案件，实现以非诉业务滋养诉讼业务的目的。可见，诉讼业务和非诉业务本就是相通的，二者没有绝对的分水岭，诉讼律师需要非诉思维，非诉律师也不能缺少诉讼思维。只有如此，才能在竞争的时代更好地生存下来。

想起我办理过的律师起诉委托人支付律师费的服务合同纠纷二审案件，一审法院支持了原告的全部诉讼请求，委托人向高级人民法院提起上诉，具体案件的情况本节不再展开叙述。但有个细节值得探讨。该案的当事人签订合同时，明确约定二审阶段是目标代理，合同第六条约定："乙方代理律师应依法认真履行代理职责，力争本案二审达到由××集团向甲方承担清偿责任（包括合同预付款本金和违约金）、山西××集团承担连带清偿责任的结果；如不能取得上述胜诉结果，甲方有权解除本代理合同，除已支付乙方的代理费外，不再支付乙方任何费用；若乙方代理律师怠于履行代理职责导致本案裁判结果对甲方极其不利，甲方有权追究乙方违约责任。"单看该条款，甲方还是很强势的，貌似是非诉律师争取的结果。但是，当案件的走向没有完全实现目标约定时，甲方的选择和律师的提醒就尤为重要。本案最大的问题是，双方二审之后，甲方并未因为目标的未完全实现提出解除合同，而是继续委托律师进入执行阶段，并签订了风险代理合同。直到执行结束，甲方才发出解除通知，认为二审阶段的目标没有完全实现，后续律师费不应支付。但在审理本案的过程中，法官发现合同第七条约定："本代理合同经双方签字、盖章后生效。有效期自签订生效之日起至本案执行程序终结止。"因而，在执行程序终结后，双方权利义务已经终止时，解除通知已经无法实现解除合同的目的。在本案中，诉讼律师和非诉律师的配合，或者说诉讼思维和非诉思维的融合显得极其重要。如果在二审结束后，能够考虑到解除权如果不及时行使，后续诉讼中也很难支持不支付律师费的请求时，就应当斟酌，是否先解除二审阶段目标代理，或者至少可以成为甲方不认可二审代理结果的依据。当然，每个案件都有其特殊性，站在诉讼的立场，是从法官思维考虑的；而站在非诉律师的立场，可能考虑的是一旦解除，执行阶段无法继续续约的问题。

总而言之，这里面的玄妙，大概只有在不断的积累中才能真正体会得到。

（三）选择诉讼律师还是非诉律师？

1. 诉讼律师需要具备的个人能力

（1）良好的沟通能力。不同于非诉业务主要是为企业服务，诉讼业务要求你与当事人、证人、法官等各种人打交道，如果不善于与人打交道，那么别说完成一个诉讼案件，恐怕成案都十分困难。

（2）学习能力。诉讼律师通常会遇到各种各样的案件，每个案件的基础法律关系、案件事实、诉讼逻辑都不一样，还可能涉及不同领域的法律问题，而对青年律师来说，如果只做某一个领域的案子，有可能面临生存的危机，那就只有通过快速的自学，找到解决问题的关键。

（3）抗压能力。诉讼律师必须有抗压能力，前期需要承担生活上的压力，诉讼律师前期工资一般不高，办案时需要承担案件给予的压力。抗压能力弱的话很难在这条路上走得长远。

2. 非诉律师需要具备的个人能力

（1）除了法律知识背景以外，还需要一些通用的知识背景，如财务、税务等，以及公司业务知识。

（2）良好的外语能力。对于非诉而言，法律翻译工作是非常频繁的一项工作，如果你没有良好的外语能力，很难胜任该项工作。

（3）良好的身体素质。对于非诉行业来说，加班是常态，如果没有良好的身体素质将很难胜任。

如果说选择做诉讼律师还是非诉律师，那么法官出身的律师无疑会优先选择前者，因为法官擅长审判，审判视角围绕诉讼展开。但正基于此，法官鲜少考虑诉讼背后的非诉问题。比如，股东提起公司解散纠纷，原因是公司陷入僵局。审理中发现，公司由两名股东组成，双方股权比例为各自50%，此种情况下，一旦两股东水火不容，失去信任，公司人合性就会被打破，公司将无法作出任何有效决议，这种长期的内部矛盾将导致公司无法正常运营，只能通过提起解散公司诉讼来实现公司解散的目的。站在法官视角，审判过程中，首先，需要查明公司陷入僵局的事实；其次，嵌入法条，股东依据《中华人民共和国公司法》第一百八十二条之规定申请人民法院解散公司，审理查明的事实是否符合该法条规定的情形；再次，对于公司解散诉讼，人民法院往往采取更为审慎的态度，注重法的谦抑性，如果能够通过其他途径解决公司僵局，会更倾向于挽救公司。但在本案中，由于二股东的股权比例对等，没有任何一个人可以对公司享有实际控制权，此种情况下，法官也只能依法裁判，无奈解散公司。而这背后的问题是为什么公司会陷入僵局。股权应当如何分配才能更好地实现公司的存续，怎样保证公司在可能出现僵局的情况下，化解内部矛盾，挽救公司运营机制的失灵，就属于诉讼前端非诉层面的问题了。而这一点，诉讼律师未必会像非诉律师那样考虑周全。从这个角度来看，如果非诉律师在为公司提供日常法律服务的同时，能够拥有诉讼思维，防患于未然，可能公司不至于走到解散的结局。

综上，诉讼还是非诉，没有绝对的界定，非诉律师如果太诉讼化，有可能因为合同约定太过苛刻谨慎，无法实现成交的目的；而诉讼律师如果太非诉化，又有可能因为忽略了潜在的诉讼风险，而导致对客户权利保护不够全面。总之，每个人都需要针对自身特点，结合自身能力与兴趣，找寻和挖掘更擅长的领域，综合理性地作出选择和调整。还是那句话，选适合你的。

五、费用选择——收费还是免费？

钱，永远是最敏感的话题。本书的最后，我们就来谈谈钱吧！你看，我已经在不断地修炼过程中，克服了"谈钱色变"的心理。

（一）关于代理费

1. 天下没有"免费"的午餐

提到钱，多少有点"拧巴"，然而，律师执业离不开报价，作为建立信任的要素之一，报价有技术，也需要讲艺术。

在实践中发现，法官、检察官出身的律师，往往在执业初期很容易忽视律师服务本身的价值，甚至羞于谈钱。

就我个人而言，起初对于不提供免费咨询的理念，并不接受，但在法官思维与律师思维不断融合碰撞的过程中，终于深以为然，在专业的基础上，开始有了商业的萌芽。

免费，只会毁了信任与尊重。

前段时间，湖南某律所和律师团"采取过分低于律师收费指导标准收费"，被长沙律协认定为不正当竞争行为，处以警告处分。这必然会带来两种声音：

一种是处罚低价竞争救不了律师行业，只会让青年律师生存更难；

另一种是低价竞争对内影响竞争公平性，对外严重损害当事人利益，长此以往，必将导致行业陷入低价竞争与低质服务的恶性循环，影响整个律师行业的可持续发展。

而免费，不仅毁了信任与尊重，更毁了律师的职业尊崇感。特别是青年律师，为了得到案源，从低价切入，最初的心态或许是为了多积累，解决生存问题，但长此以往，必然导致律师的服务价值被否定，服务质量大打折扣，律师信心被挫败。你以为你在提供帮助，解决问题，尽心尽力，结果却适得其反。因为即便对免费的案子付出百般心力，客户仍会千般挑剔，即使做得再出色，客户也不会买账，因为，没有成本。倘若案件本身难度又非常大，工作量极高，那更是"哑巴吃黄连，有苦说不出"。

愿意付费的人，才懂得尊重他人的时间，在彼此平等的关系里，律师信心足，客户体验好，继而成就更长久稳定的关系，实现正循环。

2. 价值，终究要由价格来体现

2016 年，我审理的律师起诉委托人支付律师费的服务合同纠纷二审案件，一审支持了原告 1000 余万元律师费的全部诉讼请求。在我做法官的时候，确实存在"酸葡萄"心理，但现在回想起来，先不说是否值这个价，但却真正体会了律师工作的价值以及背后诸多看不到的心血和不易。其实，律师和法官一样，都是良心活，但求无愧于心吧。坚持做正确而有价值的事，坚守诚信为本。

反观客户，交钱才是交心。

选择对的律师，支付相应的律师费，才是王道。毕竟，价值，终究要通过价格来体现。因为，你正好需要，我正好专业！

不过，这里存在一个悖论，免费的咨询可能直接建立信任，成交。同样的，免费的咨询后也可能客户离开，接着去"蹭"另一个免费的咨询。所以，作为律师，也需要有一双慧眼，客户挑律师，律师也要选择客户，对于根本没有成交诚意的人，大家的时间都挺宝贵的。对于有成交意向的人，选择不同的谈判方式和定价策略。

说起报价，很难说 50 万元谈到 100 万元，就是成功。每个律师和每个客户都不同，律师不可能服务好所有客户，不是你的客户，就不要去勉强。如果可以收到 80 万元，只收到 50 万元，并不代表不成功，因为可能还有后续服务，这是不同律师的不同策略，是取舍和定价模式的问题。也咨询过一些律师前辈，有的人认为报价的最佳状态是让客户感觉报价有一点小贵，这样才能让客户认为购买的产品更有价值；而有的律师则认为应当比客户的预期稍微低一点，不仅可以让客户觉得自己"占了便宜"，同时对自己的法律服务也不会提出过于苛刻的要求。

究竟应当如何报价，是一个值得讨论又往往无法说透的话题，而且是一个具体案件具体对待，具体客户具体分析的问题。得能说到客户心坎里，还得让客户"跳一跳能够得到"，是个挺难拿捏的事情，但我相信熟能生巧，就像法官案子办多了，一些案子看一眼基本心里就有数了。律师也一样，见的人多了，分寸就会把握得越发精确。总而言之，客户分层次，律师分段位，积累客户，积累经验，积累教训，做好基础建设，才能真正实现用价值换回价格。体现价值，不一定非得大声吆喝，选择成为贵的产品，摆在货架上，有时就够了。

因此，从个人角度来看，律师提供的法律服务，可以是亲民的，但必须有价值，只要有价值，价格不是唯一的评判标准。

（二）关于咨询费

前面我们讲了代理费，现在说说咨询费。

我看到很多律师的微信签名直接备注一小时的咨询费数额，也有一些律师会备注"不提供免费咨询"等，都可以说明，律师认为咨询付费是应当的，毕竟，律师的时间就是金钱。

说说我自己吧。最开始我所有的咨询都是免费的，原因很简单，客户不认识你，如果你说收咨询费，客户大多就不来了，而我想成案，为了避免其因此去找其他提供免费咨询的律师，因此我会说咨询免费。于我而言，其实最初的问诊和知无不言、言无不尽，是为了赌双方的未来，赌诉讼、非诉、专项等法律服务的成交，一个小时咨询费尚且几千块，但一个法律服务收取的代理费可是咨询费的数倍，甚至数十倍，有舍才有得。当然，是不是都能成交，答案一定是否定的。有，但在初期，并不多。而且有些人会一而再再而三地麻烦你，这个时候，就要及时制止。曾经遇到一个客户来咨询我，我毫无保留地给她分析案件情况，也提供了解决方案和思路。她说回去考虑一下。数日后，她又来律所找我，正常来讲，这个时候应该是成交的时机，但她没有跟我谈委托，反而是再一次向我咨询相关问题。此时，我意识到，她只想找免费的法律顾问，并不想花钱找律师帮她解决问题，于是我直接告知不再提供免费咨询，下了"逐客令"。在我看来，既然已经验证不是自己的客户，失去也不可惜，还是要保留更多的时间和精力去迎接真正属于自己的客户和案件。

渐渐地，手头开始有了一些案件和项目积累，时间上也变得没那么宽松，这个阶段，客户问我是否收取咨询费的时候，我会将过去的免费咨询变成"一小时内免费咨询"。第一，可以速战速决；第二，任何人在时间压力下都会作出决断。而因为有了之前的经验积累，我也基本可以在一小时内判断这个人是不是我的客户，以及双方能否成交。因为有了一小时的约定，那么双方会在时限接近的时候，直接确定是否进入下一步签订法律服务合同的环节。而在谈判中，如果一方具有时间压力，另一方没有相应的时间压力，那么具有压力的一方可能在最后的期限内作出判断或决定。没有时间压力的一方的表现一般都会好过有时间压力的一方。所以，在谈判这场心理战中，我们应当创造机会为对方划定一个时间线，要求对方在某个时间和我方达成协议，否则会有什么样的后果。更为激进的谈判者会给对方设立一个期限，要求必须接受我方的某个录用函，否则过了这个期限后这个录用函作废，而对方在过期后只能获得更差的一个录用函，并可以为新的录用函设定新的期限，可以如此类推，一步一步地极限施压。

当我改进了咨询的收费标准，加上时间限制，我发现律师的时间更会被尊重，咨询和成案的效率反而更高了。

再后来，除了经验积累外，还有了一些商业的嗅觉和敏锐度。可能会根据不同的客户选择是否收取咨询费。我曾经接待过一个美国回来的女士，在她的认知里，律师就是按小时收费的，尽管我说一个小时免费，她仍然会在结束咨询的时候，坚持支付咨询费，因为我给她的答案是令她满意的，同时，她也尊重我的时间。因此，我发现，是否收取咨询费也是个试金石，可以成为筛选客户的一种方式，并因此促使律师提升服务品质。毕竟，谁都希望对方认为物有所值，甚至物超所值。

可见，是否收取咨询费，并没有标准答案，这不仅取决于市场，也取决于客户，更取决于律师。到了不同的阶段，达到了不同的段位，拥有了选择的权利，收或不收，你说了算！

参考文献

1. 吕永波、姜琳炜：《法官中立性思维方式与行为准则构建》，载《人民法院报》2019年9月6日第六版。
2. 胡田野：《论司法案例研究与法官裁判思维的养成》，载《人民司法》2018年第13期。
3. 程春华：《审判实践中法官裁判思维与证明方法的运用》，载《山东法官培训学院学报（山东审判）》2018年第1期。
4. 石东洋：《逆向裁判思维的逻辑程式建构》，载《上海政法学院学报（法治论丛）》2016年第2期。
5. 智合研究院编著：《中国法律市场观察2022》，法律出版社2022年版。
6. 万维钢：《万万没想到：用理工科思维理解世界》，电子工业出版社2015年版。
7. ［美］莱迪·克洛茨：《减法：应对无序与纷杂的思维法则》，杨占译，中信出版社2021年版。
8. 杨林兵：《青年律师执业与进阶必修技能》，中国法制出版社2021年版。
9. 蒋勇主编：《诉讼可视化》，法律出版社2017年版。
10. ［美］丹尼尔·卡内曼：《思考，快与慢》，胡晓姣等译，中信出版社2012年版。
11. ［美］阿图·葛文德：《清单革命：如何持续、正确、安全地把事情做好》，王佳艺译，北京联合出版公司2017年版。

致　　谢

　　这本书是我在孕期完成的，等到出版的时候，我的第一个孩子应该正好出生，所以我必须先感谢我的爱人和孩子，是我的爱人在我孕期无微不至的照顾和体谅，才能支撑我完成本书的写作，是我的孩子让我孕期平顺，才保证我以较为饱满的状态，尽可能地将我的认知如实完整地输出。所以，这本书要献给我最爱的老公和孩子。这可能不算真正意义的胎教，但在这几个月里，我努力为了实现出版本书的理想而努力，尽可能克服身体的不适，希望呈现一个较完美的版本，我希望这样的坚持和执着可以被他深切感受到，也希望未来的他可以为了理想，坚守本心。